教育ライター
小山美香

中学受験をして本当によかったのか？

10年後に後悔しない親の心得

実務教育出版

「中学受験に失敗して
本当によかった」
「第１志望校合格は
失敗だったかもしれない」

遊びたい気持ちを我慢して
勉強漬けの毎日。
不合格だったのに「よかった」とは、
どういうことでしょうか？

晴れて合格できたのに、
「失敗だったかもしれない」とは、
どういう意味でしょうか？

「うちの子は小1から
塾に通わせなきゃ」

「東大にたくさん受かっているから
いい学校でしょ」

早期教育は、
やはり中学受験に有利なのでしょうか？

東大など偏差値の高い大学への合格実績を、
大々的にアピールしている学校に通わせれば
安心なのでしょうか？

中学生の17人に1人が不登校[※1]
高校生の12人に1人が通信制高校生[※2]

中学受験をする
うちの子には関係ない？

不登校の子のなかには、
中学受験を経験した子が
大勢います。

※1　文部科学省「令和4年度児童生徒の問題行動・不登校等生徒指導上の諸課題に関する調査結果について」
※2　文部科学省「令和5年度学校基本調査」より算出

中学受験はやり方を間違えると、
親も子もつらい思いを
することになります。

じゃあ、どうしたらいいのか？

第1志望校に合格すれば成功、
ではありません。
重要なのは、その取り組み方。
そして、合格した後。
中学受験から10年経った経験者たちが
受験の本当の意味を教えてくれます。

はじめに

「中学受験に失敗して本当によかった」

これは、本書に登場するダイキ君の言葉です。ダイキ君は、第1志望の早大学院、第2志望の慶應湘南藤沢、第3志望の慶應中等部、第4志望の本郷とすべてに落ち、滑り止めの埼玉の進学校にしか合格できませんでした。それなのに、それから10年が経った今、ダイキ君は、「本当によかった」と心から思っているといいます。

一方、

「中学受験で行きたい学校に合格できたのは、失敗だったかもしれない」

と話してくれたのは、ヨウイチロウ君です。ヨウイチロウ君は、神奈川御三家と呼ばれる有名進学校にチャレンジ受験して合格しました。「記念受験だから受かるとは思っていなかった。ところが実際は合格。これはラッキー、と当初は思っていたけど、今振り返ると、失敗だったかもしれない」と言います。

いったいどういうこと？　と思う人が多いでしょう。

中学受験をしようと決めた親子にとって、第1志望校合格を目指すのは当然です。合格すれば、今までの苦労が報われて本当によかった、と親子で手を取り合って喜ぶでしょう。毎日のように塾へ送り迎えをし、塾弁当を作り、プリントの整理をし、間違えた問題をコピーして解かせ、ときに励まし、ときに叱って二人三脚で走り抜けてきた日々が走馬灯のように脳裏に浮かぶでしょう。中学、高校、大学、その先まで、すべてが成功して、光輝く人生が待っているような気がしますよね。

一方、滑り止めしか受からなかったら、屈辱感にさいなまれ、親子ともに眠れぬ日々を過ごすかもしれません。恥ずかしくて小学校に行けない、という子。ママ友に会いたくない、と引きこもりがちになるお母さんや、ＬＩＮＥでママ友をブロックして連絡を絶つお母さん……。

なのに、10年くらい経って振り返ってみると、正反対の将来になっていた――という場合もあるのです。

なぜでしょうか。

それは、**中学受験が本当に成功したかどうかは、志望校の合否ではなく、入学後に子どもがどういった姿勢で学校生活に取り組めるか、という点にかかっているから**です。

今、中学受験が過熱しています。特に都市部です。2023年には首都圏で5万2600人が受験し、9年連続で過去最多となりました（首都圏模試センター調べ）。2024年も横ばいの高水準が予想されています。その裏で、同じように10年連続過去最多をたどっているのが、不登校児童生徒数です。文部科学省の最新の統計（「令和4年度児童生徒の問題行動・不登校等生徒指導上の諸課題に関する調査結果について」）では、29万9048人の小中学生が不登校で、中学生では17人に1人の割合にのぼります。

私は、のべ160校以上の私立中学校・高等学校を取材して、主に読売新聞オンラインの「中学受験サポート」の記事を書いてきました。同時に不登校や引きこもりの子も取材して、「サンデー毎日」などの雑誌や「フライデーデジタル」などのニュースサイトにも寄稿してきました。さらに、私自身も3人の子どもを中学受験させて、まわりにいるいろいろな親子を見てきました。

そうした**取材や経験を通して、不登校になる子どもに、中学受験を経験した子が多い傾向にあることに気づきました。**中学受験と不登校の相関関係に関する正確な調査はありませんが、取材した肌感覚として、多いという気がしています。

不登校や引きこもりの生徒を支援する認定ＮＰＯ法人高卒支援会（東京都）の理事長である竹村聡志さんも、

「東京という場所柄もありますが、当会に相談に来る子の多くに当てはまるのが、中学受験を経験して私立の進学校に進んで不登校になったというケースです」

と話します。

一般社団法人不登校・引きこもり予防協会の代表理事、杉浦孝宣さんも、

「不登校や引きこもりの子どもと面談して、これまでの人生で一番がんばったことは何かと聞くと、ほとんどの子が中学受験と答えます」

と言います。

通信制高校を取材すると、名門進学校で不登校になって転校してきた生徒ばかり、とい

うこともありました。

つまり、中学受験とその後のやり方次第で、中学以降に大きく伸びる場合もあれば、不登校になる危険性もあるのです。

中学受験のやり方を誤ると、さらに子どもの人格を壊すところまで行きかねません。

2023年3月1日には、埼玉県戸田市の市立美笹中学校に、17歳の少年が刃物を持って侵入し、教員を切り付けるという事件が起きました。報道によると、この少年は、中学受験のプレッシャーから不登校、引きこもりになってしまったそうです。少年の自宅のトイレには男子御三家の一つへの合格を目指す、「武蔵中合格」という貼り紙がしてあったといいます。[1]

このような**中学受験の持つ危険性についてはほとんど話題にならず、受験熱は過熱するばかりです。**サピックスなど人気の塾は、中学受験の勉強が本格的に始まる新小4(小3

[1] デイリー新潮「中学校襲撃の17歳『猫殺し』少年　叔母が涙ながらに明かす〝暴走のきっかけ〟『中学受験のプレッシャーで不登校に』」2023年3月8日(https://www.dailyshincho.jp/article/2023/03081236/?all=1)

の2月）からでは、定員がいっぱいで入れないから、小1から入れたほうがいい、なんていう噂がまことしやかに出回っています。都内のお母さんたちは、わが子を小1から塾に入れようと躍起になっています。

あるお母さんは、赤ちゃんを産んですぐ、義母に「この子は中学受験させてね」と言われて、それ以来、中学受験をさせていい学校に入れなくてはいけないというプレッシャーがずっとあったと言います。

そのくらい、大人も子どもも中学受験に熱中して、近視眼的になり、本質を見失っているのです。

取材経験を通して思うのは、「中学受験とは、人生のほんの通過点でしかない」ということです。中学受験の後も人生は続きますから、**中学受験の合否よりも、受験が終わった後の中学高校生活において、意欲的に学校生活や勉強に取り組めるかどうか、ということのほうが重要**なのです。

塾の先生に「模試の結果に一喜一憂しないでください」と言われたことのあるお父さんお母さんが多いと思いますが、それと同じで、中学受験の結果に一喜一憂しないでください。

合格、不合格にかかわらず、中学生になるときに、親が「進学する○○校が一番あなたに合った学校よ」と子どもの背中を押して、子どもも「きっと楽しい学校生活になる」と前向きな気持ちで勉強に取り組もうと思うのか。

それとも、中学受験が終わったとたんに子どもに勉強する意欲や体力がなくなり、親が「勉強しなさい」と叱り続け、場合によってはそこから不登校に発展してしまうのか。

その分かれ目こそが、中学受験が本当に成功したかどうか分かれるところなのです。

言われてみれば当然のことなのですが、中学受験に夢中になっていると、目前のゴールしか親子ともに見えていないことが多いのです。かくいう私もそうだったなと、反省しながらこの原稿を書いています。

今、子どもと一緒に中学受験の真っ最中にいるお父さんお母さんたちに、また、中学受験をしようかどうか、迷っているお父さんお母さんたちに、この本に協力してくれた、かつて中学受験を経験した親子の人生のストーリーを知ってほしいのです。入学後、子どもたちの人生には、いいことも、悪いことも、つらいことも、たくさんの荒波がやってきます。そのときに、親たちはそれにどう声をかけ、どう向き合ってきたのか。中学受験に対してどういった態度で臨んできたのか。そうしたことをすべて知ったうえで、わが子は中学受験に向いているのか向いていないのか、どんな学校が向いているのか、どんな態度で受験に臨んだらいいのか、考えてもらい、不登校などで苦しむ可能性を少しでも減らしてほしいのです。

本当に中学受験をしてよかったのかどうか、それがわかるのは、10年後、いや、20年後、30年後、あるいはもっと先かもしれません。そのときに、「中学受験をして、やっぱりよかった」もしくは「中学受験をやめて高校受験に切り替えてよかった」と思えるような人生にするために、本書が少しでもお役に立てたらと願っています。

■ 登場人物プロフィール

先に、本書で何度も出てくる登場人物のプロフィールを紹介します。読みながらこれを見返すと、よりわかりやすいと思いますので、参考にしてもらえると幸いです。

また、本書のなかで、カタカナ表記の名前はすべて仮名です。学校名はこのプロフィールのみ、正式名称になっていて、本文中では（　）内の略称にしています。

◆

ダイキ君

東京・世田谷区の小学校出身、埼玉の滑り止め校を経て、東京大学現役合格、卒業後は一流メーカーへ就職

第1志望　早稲田大学高等学院中学部（早大学院）↓不合格
第2志望　慶應義塾湘南藤沢中等部（慶應湘南藤沢）↓不合格
第3志望　慶應義塾中等部（慶應中等部）↓不合格
第4志望　本郷中学校（本郷）↓不合格
第5志望　埼玉県内の進学校　↓合格・進学

ヨウイチロウ君

神奈川県内の小学校出身、チャレンジ校に合格するも高校で退学、一時は自暴自棄になったが、通信制高校を卒業して、公務員試験を受け、現在、東京都内の公務員

第1志望　慶應義塾湘南藤沢中等部（慶應湘南藤沢）↓不合格
第2志望　神奈川御三家の有名進学校　↓合格・進学
第3志望　サレジオ学院中学校（サレジオ）↓合格
第4志望　栄東中学校（栄東）↓合格

◆

マナト君

埼玉県内の小学校出身、高望みをせず、自分に合った学校を志望して、トップで合格。6年間特待生、学年トップを維持して、卒業時には表彰され、東京大学現役合格、現在は東京大学大学院

記念受験　開成中学校（開成）↓不合格
記念受験　渋谷教育学園幕張中学校（渋幕）↓合格
第1志望　埼玉県内の進学校　↓合格・進学
第2志望　開智未来中学校（開智未来）↓合格

◆

カズタカ君

東京都内の小学校出身、中高一貫進学校に進学したものの、中1の5月から不登校に。高校は全寮制に入れられるも、冬休みに部屋にバリケードを作って引きこもる。通信制高校に転校して卒業し、1浪を経て、有名大（GMARCH）に進学、現在、公務員

第1志望　武蔵中学校（武蔵）↓不合格
第2志望　暁星中学校（暁星）↓不合格
第3志望　中高一貫進学校　↓　合格・進学
第4志望　世田谷学園中学校（世田谷学園）↓合格

◆

マドカさん

東京・東部の区立小学校出身、都立中高一貫校を目指して受検するも不合格、地元の公立中へ進学するも、中3から不登校、通信制高校を卒業して、現在はアルバイト

第1志望　都立中高一貫校　↓不合格

第2志望　私立中学校　↓合格

シュンノスケ君

早慶にこだわって不合格になり、滑り止めの進学校に進学。体調を崩し、高1から不登校に。通信制高校に転校、現役で大学合格するものの、1年間休学。復学して現在大学生。就職も内定

第1志望　慶應義塾普通部（慶應普通部）↓1次合格、2次不合格

第2志望　早稲田中学校（早稲田中）↓不合格

第3志望　千葉県内の進学校　↓合格・進学

ノブキ君

早稲田を目指して中学受験するも不合格、GMARCH付属校に進学して、学生生活を十二分に謳歌する。そのまま系列の大学に内部推薦で進学

第1志望　早稲田大学高等学院中学部（早大学院）↓不合格
第2志望　暁星中学校（暁星）↓不合格
第3志望　GMARCH付属中学校　↓合格・進学

ユキさん

滑り止めの進学校に進学し、中1から塾にも通ってがんばるも、高1から不登校。体調不良で勉強することができなくなる。1浪して有名女子大へ進学

第1志望　慶應義塾中等部（慶應中等部）↓不合格
第2志望　雙葉中学校（雙葉）↓不合格
第3志望　白百合学園中学校（白百合）↓不合格
第4志望　埼玉県内の進学校　↓合格・進学

◆

ケント君

滑り止め校に合格最低点で合格。その後めきめきと力をつけて、東京大学現役合格。東京大学大学院卒業後、一流企業に就職

第１志望　海城中学校（海城）↓不合格
第２志望　公立中高一貫校　↓合格
第３志望　埼玉県内の進学校　↓合格・進学
第４志望　春日部共栄中学校　↓合格

エリカさん

ケント君の妹で、兄を見て中学受験し、第１志望不合格も、進学した学校では医学部クラスに進み、現役で私大医学部へ進学

第１志望　豊島岡女子学園中学校（豊島岡）↓不合格
第２志望　埼玉県内の進学校　↓合格・進学

◆

◆

トモヒロ君

公立中高一貫校のみを受検したものの、不合格。地元の中学校に進学するも、中1の冬から不登校。現在中2

第1志望　公立中高一貫校　↓不合格

また、本書内で出てくる大学名は、一部を除き、ある程度入試難易度が近いグループの名称で表記します。

■早慶　↓　早稲田大学　慶應義塾大学

■GMARCH↓　学習院大学　明治大学　青山学院大学　立教大学　中央大学　法政大学

■日東駒専　↓　日本大学　東洋大学　駒沢大学　専修大学

目次

はじめに 010
登場人物プロフィール 017

第1章 ギリギリ合格は子どもにとって本当によいことなのか

■チャレンジ校にラッキーで合格、のその後 030
■学年トップ層で自己肯定感が高まる 034
■ギリギリ合格でも伸びる子の特長 040

第2章 中学受験過熱地域の異常な世界

■塾のクラス分けがおかしなプライド意識につながる 046
■受験過熱地域の環境が子どもの心を壊す 050

第3章 親の声かけひとつで滑り止め校も楽園になる

第4章

子どもはそれぞれ自分なりの伸びる時期を持っている

■本気で子どもをほめる 058
■お父さんとお母さんの絶妙なバランス 061
■学校に対する不平不満、悪口を言わない 065
■「勉強しなさい」の弊害 069
■無理な早期教育・中学受験が不登校の引き金に 082
■伸びる時期は人それぞれ 089
■中学受験か高校受験か 094

第5章

失敗しない塾の選び方・塾との向き合い方

■体験授業を複数受けて子どもに選択肢を 108
■圧倒的な実績、ドライなサピックス 109
■合宿に鉢巻、熱血の早稲アカ 114
■塾業界の興隆 123
■学童代わり？ の四谷大塚 124

■面倒見のいい日能研 127
■塾の勉強との向き合い方 130

第6章

専門家が警鐘！「受験勉強での睡眠不足が将来の不登校を招く」

■睡眠不足は蓄積される 139
■睡眠不足の蓄積で、脳の働きと知能が低下する 142
■胎児期のお母さんの夜ふかしが睡眠障害を引き起こす一因に 147
■睡眠を大事にした生活で東大現役合格へ 151
■小学校低学年からの睡眠不足の蓄積で不登校に 153
■中学受験後も睡眠に要注意 156

第7章

10年後に後悔しない志望校の選び方

■いい学校とはどんな学校か 160
■合格実績だけをアピールする学校には要注意 162

第8章

「受験してよかった」のホンネ

■誰にでもありうる「まさかうちの子が」に寄り添ってくれる学校を 165
■いい学校は教育理念を大事にしている 168
■のびのび育って一生の仲間ができる男子校 170
■自立した女性に育つ女子校 173
■青春を実感できる共学 176
■クラスのレベルの上下がある学校は要注意 177
■「とりあえず早慶」の罠 179
■受験監獄系の学校に合う子、合わない子 186
■IB、海外大進学支援、探究など、さまざまな取り組みをしている学校 189
■私学の卒業生たちが得たものとは 194
■失敗したからこそ大学受験に打ち込めた 194

第9章

本当に幸せな人生を歩むための中学受験とは

■私学ならではの先生の質で、大学での学問の道を開かせてくれた 196
■6年間でできる一生の仲間 198
■不登校になっても、中学受験は失敗ではなかった 200
■私立の本当のよさがわかるのは、ずっと後になってから 201
■中学受験だけで幸せになるとは限らない 213
■受験は家族が成長する機会 216
■いい中学受験の経験はその後も生きる 222

おわりに 225

装丁／嶋田小夜子（KOGUMA OFFICE）
カバー・本文イラスト／かりた
本文デザイン・DTP／森貝聡恵（Isshiki）

第1章

ギリギリ合格は子どもにとって本当によいことなのか

チャレンジ校にラッキーで合格、のその後

ヨウイチロウ君は、中学受験したお姉さんの影響で、小3から大手中学受験専門塾の日能研に通い始めました。通っていた校舎のクラスは下からA1、A2、A3とあり、その上に難関校を目指すM1、M2クラスがありました。日能研では成績順に席も決まっています。ヨウイチロウ君は、だいたいM1クラスの一番前の席だったそうです。

「上から2番目のクラスだけど、そのなかでは一番上、というポジションがメンタル的にもよかったんです。社会が得意で、日能研のテストで全国5位を取ったことがあります。それが人生の全盛期でしたね」

とヨウイチロウ君は笑います。

受験した神奈川御三家の有名進学校は、ヨウイチロウ君にとってはチャレンジ校で、到底受かるとは思っていませんでした。

それがラッキーなことに合格したのです。

チャレンジ校に合格したということは、急に成績が伸びたわけではなく、ギリギリの成績で運よく滑りこんだととらえるべきでしょう。入学しても勉強についていくのは大変だったそうで、最初から成績は学年でも下のほうでした。中2になると赤点を取り始めました。

「赤点で三者面談に呼び出されて、このままじゃ卒業できないよ、と先生に言われても、あまり勉強しませんでした。だから母親とケンカばかりしていました」

物干し竿を振り回して壁に穴をあけたり、壁にげんこつで穴をあけたりして、家のなかには穴がいっぱいあったそうです。

「母親が嫌いなわけじゃないんだけど、勉強しなさいと口すっぱく言われて、それがとにかくウザかったんです」

それでも、なんとか高校へは進学。ただ、特に英語が苦手で、高校に上がると英語だけで「英語表現」「コミュニケーション英語」「英語会話」と3科目もあり、それらがすべて赤点。さらに数学は6点というひどい点数を取り、化学、物理も赤点です。2科目以上赤点だと進級できません。

「学校は友だちもいて楽しかったけど、勉強ができないことをいじられたりもしました。それは全然いいんですけど、ここまで成績がヤバくなると、もう無理だと思って、もっと勉強しなくなり、ついには遅刻したり、休んだりするようになりました。結局、高1の1学期で退学しました」

友だちには何も言わずにやめ、お母さんに暴力をふるうなど家でも荒れて、一人で部屋にこもる日々がしばらく続いたのです。本当につらかったといいます。

その後、ヨウイチロウ君は、不登校や引きこもりを支援している認定NPO法人、高卒支援会に通うことによって、元気を取り戻します。通信制高校を卒業して、公務員試験に合格し、現在は立派な公務員です。

「今となっては立ち直ることができたので、それも経験だと思えるのですが、もし、あのままずっと引きこもっていたら……と思うとぞっとします」

小6で受験が迫ってくると、とにかく第1志望に合格させたい、繰り上げでもなんでもいいから合格が欲しい、と、本当に子どものためになる学校か否かを冷静に見極めることが難しくなります。通常の塾と並行して、志望校別の特別講習に通わせたり、志望校合格のために個別指導をプラスしたりして、20万、30万……100万……とお金をかければばかけるほど、その学校しか見えなくなります。
ヨウイチロウ君のように、チャレンジ校に合格できれば、本当にラッキーだと最初は思うでしょう。

しかし、**大事なのは、その学校に入ったときに、成績順位で見て、わが子がどのくらいの「位置」にいるか考えることです。**

ヨウイチロウ君のように、落ちこぼれて、先生からも「勉強しないと本当にやばいぞ」と脅され、「ダメなヤツだな」というような目で見られれば、自己肯定感も低くなります。友だちからも「できないヤツ」と烙印(らくいん)を押されます。

中高の6年間は自分のアイデンティティーを形成する大事な時期です。それなのに、まわりからそういった目で見られたとしたら、自己肯定感を高めるのは難しいのではないでしょうか。

しかも、それは一生続きます。卒業して友だち同士で集まっても、仲間うちでの立ち位置は変わらないままです。「自分はできないヤツだ」という意識で生きるのは、とてもつらいことです。

学年トップ層で自己肯定感が高まる

一方、**成績で学年トップ層にいれば、先生にも一目置かれます。**たとえば、最初に学級委員を決めるときに、先生もその子に司会を頼むでしょう。結局、その子が学級委員になるというケースもよくあります。

さらに、入試の成績がトップで入学した子は、だいたい入学式の新入生のあいさつを頼まれますから、誰の目にもわかります。先生にかわいがられることが多い6年間になります。みんなから「できるヤツ」「すごいヤツ」と思われて、自己肯定感も高まるでしょう。その後の人生においても、「自分ならできる」と思えますから、仕事などにおいても積極的にチャレンジできる人になります。みんなから尊敬のまなざしで見られます。

ダイキ君は志望していた早慶付属校を全部落ち、さらに、焦って追加で受けた本郷も落ちて、埼玉の進学校に入学しました。もともと早慶付属校を狙える実力があるくらい優秀でしたから、そこでは成績も上位で6年間特待生でした。のびのびと学校生活を送り、文化祭実行委員長として活躍して、みんなからも一目置かれる存在です。自己肯定感も高く、勉強にも熱心に取り組めました。

「高1から教わった数学の先生は、東大卒で、めちゃくちゃキツイ授業をするんです。でも、僕もめちゃくちゃ先生に質問するんです。それですごく仲よくなりました。僕がバカなことを言うと、先生がツッコミを入れてくるんです。そんなふうに先生と関わるのが好きでした」

ダイキ君はもともと数学が苦手だったのですが、その先生の授業のおかげで数学が好きに。東大の2次試験では一番点数を取れて、合格の得点源になったそうです。

ダイキ君は現役で東大に進学した後も、自信がありますから、いろいろなことにチャレンジできます。発展途上国で教育のボランティアをしたり、就職しても、職場でさまざまなチャレンジをして、上司からの評価も上々です。

高望みをせず、自分に合った学校を選んで、その学校内でトップをキープしていたのが、マナト君です。

マナト君は記念受験として受けた開成を落ちたものの、進学先の埼玉の進学校では、トップ合格とあって、入学式でも新入生代表としてあいさつしました。先生からも一目置かれ、まわりの生徒からも「勉強ができる人」と尊敬の目で見られます。

「運動部に入って友だちと楽しくやっていて、行事なども楽しんで、のびのびと過ごしていました。特に高校に上がってからは、自分の好きな数学や物理の先生によく質問に行き、先生からも声をかけてもらうことが多くありました。勉強が楽しいと思うようになりました」

マナト君は塾に行っていませんでしたが、6年間特待生で、トップの成績で卒業しました。自信を持って勉強できたので、考えるまでもなく、当然、東大に行くものだと思ったそうです。実際、東大に合格し、そこで物理を学び、今は東大大学院で素粒子理論を研究しています。

ダイキ君やマナト君のように、**先生に目をかけられ、同級生に一目置かれて、自信を持って勉強ができれば、大きな挑戦ができます。**

ダイキ君は「小学生のときは早慶に入ればいいと思っていたので、中学に進学したときには東大なんて受かるわけがないと思っていました。でも、高校に入って、文系だから理系科目を捨てる、というようなことをしないで、できるだけ全科目でよい成績を出そうと思ってがんばりました。そうしたら、先生からも東大受験を勧められ、結果的に合格することができました」と言います。

6年間で自信をつけて自己肯定感も高くなり、挑戦できたのです。

さらに、**学年でもトップクラスを保てば、自然と内申書の評定もよくなります。指定校推薦枠を狙うのも可能でしょう。**少しランクが下の学校に行って、逆にそこでトップを維持すれば、指定校推薦で秋には大学合格が決まります。そういったメリットもあるのです。

ちなみに、マナト君がもし開成に進学していたら、開成の6年間の費用もかかり、さらに大学受験のための塾代もかかります。

開成では中学から高校までの6年間で約567万円かかり[1]、さらに開成生に人気の塾、

1　開成のホームページ掲載の2022年度の学費より計算。学級費（学年旅行費・教材費）は中学、高校それぞれ3年間同じとして計算。

鉄緑会[2]に中1から高3まで通うとすると、約314万円かかります。[3]合計約881万円にもなります。

それが、マナト君は6年間特待生で学費がかからず、学校の先生が放課後の特別講習で塾のように熱心に受験指導してくれるので、塾代もかかりません。東大に入るコスパ抜群です（ただ、マナト君によれば、数学や物理は好きで得意だったからよかったものの、英語は得意ではなかったそうで、英語の先生からは、「もっとできるはず」とできる子扱いされたのが大変だった、ということでした。プレッシャーをかけられるデメリットもあるようです）。

こうしてみると、**ギリギリ合格よりも、学力的に余裕をもって入学して、その学校のな**

[2] 東大専門塾。講師はすべて東大・東大大学院の学生または卒業生。東大合格者の多い中学高校を指定校とする指定校制になっている。鉄緑会のホームページによると、開成の生徒は1120人在籍（2023年10月現在）で最多。

[3] 塾探しサイト「塾みーる」に掲載されている鉄緑会の料金で計算。中1から高2まで（中学はレギュラーコース）の5年間で英語と数学の2科目を受講し、高3は英語・数学・物理・化学の4科目を受講した場合で、月額の授業料を毎年12か月（高3は9か月）支払ったとして計算。

かで上位層にいたほうが、メリットが大きいのです。

だから、失礼を承知で言いますが、もしヨウイチロウ君が、1ランク、2ランク下の学校に入学していたら、ヨウイチロウ君は高校中退することもなく、学校のなかで活躍して、自己肯定感を高めて、大学受験にも挑戦できたかもしれません。

誤解しないでほしいのですが、私は大学に行ったほうがよかったと言っているのではありません。

ヨウイチロウ君は頭がよく、人当たりも面倒見もよく、とてもいい青年です。現在は公務員として働いていて、挫折を克服して、立派な人生を歩んでいます。

ただ、高校中退になったときは、自暴自棄になって、お母さんを殴ったり、部屋に引きこもったりした時期があったのです。本人も両親も、本当につらかったと思います。そうしたつらい思いをしないで済んだかもしれない、ということを言いたいのです。

そういうわけで、ギリギリ合格は、本来はおすすめできません。

ただ、ギリギリ合格でも、その後にどんどん伸びていくケースもあります。

ギリギリ合格でも伸びる子の特長

ケント君のお父さんもお母さんも公立高校出身だったので、のびのびと育てるつもりでいたため、中学受験させる予定はなかったそうです。水泳やサッカー、ピアノなどの習いごとはしていても、お勉強系の習いごとはまったくしていませんでした。

「それが忘れもしない、ケントが小5のゴールデンウィークに、突然夫が中学受験をさせようと言い出したのです」

とお母さんは振り返ります。

お父さんは京都大学を卒業後、一流企業に勤務していて、会社の先輩たちから中学受験の話を聞いてきたのです。先輩のお子さんたちは開成から東大に進むなど、優秀な子ばかり。そんな話を聞いて、大学受験を見据えて、6年間のゆとりあるカリキュラムで勉強させたいと、方向転換したのです。

当時ケント君と仲のよかった友だちが、たまたま日能研の入塾テストを受けに行くと聞いて、ケント君も一緒についていき、テストを受けました。小学校のテストとは違う、問題用紙と解答用紙が別々のテストは初めてで、結果はひどいものだったそうです。もちろん、クラスは一番下です。一般クラスがA1〜A6まであり、上位校を目指すMクラスが1〜3までありました。一番下のA1クラスからのスタートです。

ただ、ケント君は負けん気の強い子でした。一生懸命に取り組み、2か月に1度のテストで着実に上のクラスに上がっていきました。

6年生になる頃にはM1クラスにまで上がったそうです。M2とM3クラスは開成など最難関校を受ける子が多く、ケント君は海城を第1志望にしました。

結果は不合格。受かっていた埼玉県内の進学校に行くことにしました。この学校は一般クラスと上位クラスに分かれて試験があり、上位クラスの試験には落ちたものの、一般クラスには合格できました。入試の得点が開示されるので、調べたところ、一般クラスの最低合格点でした。

一番落ち込んでいたのはお父さんでした。でも、ケント君は、

「塾もそうだったけど、オレはいつも一番下からのスタートだね」

と笑って気にしなかったそうです。お母さんも「よかったね、この学校に受かって」と

前向きに応援しました。

入学後は運動部に入って学校生活を楽しみながらも、勉強も続け、めきめきと成績を上げていきました。中3になったときには上位クラスに上がりました。その後もコツコツと努力を続けて、ケント君は東大に現役合格を果たしたのです。

お母さんはこう言います。

「ケントは特別頭がいいわけではないけれど、努力する才能はありました。それは持って生まれたものだと思います」

ギリギリ合格でも、その後に伸びるのは、そういった努力する才能がある子です。親に何も言われなくても、自分から努力できる子です。

親が言わないと勉強しないようでは、どんどん成績が落ちていくのは目に見えています。また、反抗期ですから、親がいろいろ言うと親子関係も悪くなるばかりです。

ケント君とは対照的に、ギリギリ合格で退学に追い込まれたヨウイチロウ君は、

「最初から成績はよくなかったのに、中学受験であれだけ勉強したから、もういいっしょ、とまったくやる気になりませんでした。その学校に合格した事実だけで、自分はできると

いう根拠のない自信を持ってしまったのです。机に向かってもいないのに本気を出せば自分は勉強できるから、と思っていました。でも、本当にヤバくなったときには、手遅れでした」

と言います。

中学受験の段階で、親に言われなくても自分から勉強する努力ができる子かどうか、見極めるのも大きなポイントです。

努力できる子なら、進学後に多少低い位置からのスタートでも、その後、めきめきと成績を上げていけるでしょう。

努力できない子、のんびりしている子なら、ある程度上の位置にいたほうが安心です。上の位置にいて、先生からできる子扱いを受けることで、努力するようになる場合もありますし、努力しないままで成績が落ちたとしても、もともとそのグループの中では上位の力を持っているので、少し勉強すれば挽回できます。少なくとも、もともと上位にいたのですから、留年に追い込まれるほどにはならないでしょう。

努力できるけど、繊細なタイプという場合も、やはりギリギリ合格は避けて、上位にいられる学校、もしくは、あまり勉強を強制しないのんびりした校風の学校がおすすめです。詳しくは後ほど説明します。

第2章

中学受験過熱地域の異常な世界

塾のクラス分けがおかしなプライド意識につながる

ダイキ君は世田谷区の公立小学校に通っていました。1クラス約30人のうち、ほとんどが受験をするので、東京の私立中の受験解禁日の2月1日は、クラスでたった3人しか登校しなかったといいます。

ダイキ君のお母さんによると、次のような状況だったといいます。

「近所に大手メガバンクの社員寮があったこともあり、子どもたちのお父さんたちは、東大と早慶の出身者がほとんどでした。みんながそれぞれのお父さんの学歴や職業、だいたいの年収を知っているという異常な状況なんです。国際弁護士で年収6千万という人もいました。

地方出身の人が多く、東京出身の人はほとんどいませんでした。それなのに、ダイキが埼玉の学校に行くことになって、埼玉に引っ越しすると言ったら、『都落ち（みやこおち）ですか』と冷笑されたこともありました。ひどいですよね。みんな子どもをお父さんと同じようなエリートに育てようとして、都内の有名私立中に入れることに必死になっていました」

大人だけでなく、子どももその価値観に巻き込まれてしまいます。**塾に通わないと、「なんで塾に行かないの？」と聞かれ、中学受験しないほうがおかしい、という価値観がまかり通っているというのです。**

ダイキ君も、

「クラスにすごくできる女の子がいて、その子からものすごくバカにされて、クソーっとずっと思っていました。塾のクラスが上だとエライ、みたいになるのです。僕は小3の夏からサピックスに行っていました。当時11クラスあって、下からA〜Hの8クラスと、最難関校を目指すαクラスが3〜1までありました。僕はDからFあたりを行ったり来たりしていたのですが、その女の子はαクラスだったのです」

と苦い思い出を話します。

「学校のテストではあまり差が出ないので、競争が生まれないのですが、塾のクラスが子ども同士の競争を生んでいました。このクラスにいるというプライドがある反面、さらに上のクラスの子からはバカにされることもある。子ども同士のバトルもすごかった」（こ

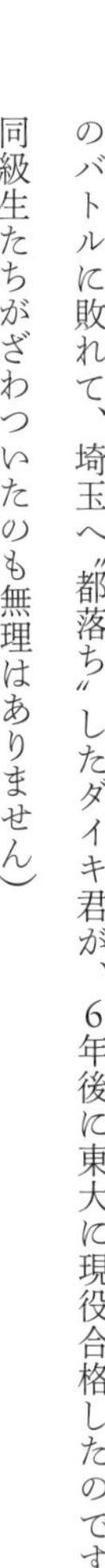

のバトルに敗れて、埼玉へ〝都落ち〟したダイキ君が、6年後に東大に現役合格したのですから、当時の同級生たちがざわついたのも無理はありません）

こうした塾のクラス分けというおかしなプライド意識が、学級崩壊を生むこともあります。

ダイキ君のお母さんが、こう打ち明けます。

「5、6年生になると、子どもたちが学校の先生のことをバカにし始めるのです。『先生ー、その理論説明してくださいよー。それ、間違ってますよね』とか言って、サピックスの問題をやらせようとするのです。だから、毎年担任が病んで辞めていきました。厳しい男の先生でもダメで、その後に来た若い女の先生もダメで、3人辞めていきました。最後は教頭先生が授業をやっていました」

ノブキ君

埼玉県の都市部の公立小学校に通っていたノブキ君のお母さんもこう言います。

「ノブキの学校でも、塾に通っている子たちが幅を利かせていて、先生をバカにして、言うことをまったく聞きませんでした。

年配の熱心な先生で、最初は厳しく、子どもにげんこつを落とすこともありました。しかし、それは暴力だと子どもたちが反発して、校長先生に直訴し、挙げ句の果てには交番にまで言いつけに行っていました。それで、先生はすっかりやる気をなくしてしまったのです。授業参観に行くと、子どもたちは平気でクラスのなかを出歩くし、『おーい、○○、宿題やったの?』『やったぜ』『ホントかよ、見せてみろよ』と言って、ノートを回して見せ合っていました。その間、先生はずっと黙っているのです。のちにその先生は精神的な不調で入院してしまい、最後は教頭先生や校長先生が授業をしていました」

このように、**中学受験する子がエライ、というような誤った考えがまかり通っているケースがあるのです**。こうした異常な状況は、いうまでもなく、是正すべきです。

受験過熱地域の環境が子どもの心を壊す

また、深刻なのが、こうした受験が過熱した地域の環境が、繊細なタイプの子どもの心を壊すことです。

マドカさんは、東京東部の区立小学校に通っていました。タワーマンションが立ち並ぶ一方、戸建てもあり、お金持ちがたくさん住んでいる地域です。

マドカさんの住むマンションにはコンシェルジュがいないのですが、友だちから真顔で、「マドカちゃんち、コンシェルジュがいなくて、どうしてるの?」と心配されるくらいです。嫌味ではなく、それがその子にとって当たり前なので、不思議なのでしょう。マドカさんのお母さんは「お金持ちだから、余裕があって優しい人ばかりです」と笑顔で言います。

マドカさんは幼い頃から好き嫌いのはっきりしたタイプでした。お母さんがピアノの体験レッスンに連れて行っても、まったく興味を示さない一方、自分から水泳、チアリーディング、バスケットボール、学研教室をやりたいと言って始めたそうです。

なんでもできるタイプなので、水泳も選手コースを勧められました。普通の子どもなら、無邪気に喜ぶところでしょう。なのに、「そういうのに1回行ったら、後戻りできないよ。だからやらない」と自分で判断したといいます。

マドカさんのお母さんは、

「まるで人生2回目なの、と思うくらい、小学生なのに冷静なのです」

と話します。

学研教室では算数と国語を学んでいましたが、あまりにできるので、先生が「マドカちゃんみたいな子がどういうふうに成長するか知りたいから」と英語を無料でやらせてくれました。小3くらいで中学レベルの数学の問題を解いたりしていたそうです。

そんなマドカさんですから、小学校でも優等生でした。すると、「頭いいんだから、受験するに決まってるよね」という目でまわりから見られるのです。

約30人のクラスで、受験しないのは5人ほどです。ほとんどの子が中学受験組でした。

「そういう環境なので、受験しないという選択肢はありませんでした。自分から中学受験したいと言ってきたのです」

とお母さんは言います。

「うちは余裕がないから、私立には行かせられない。都立中高一貫校なら行ってもいいよ、と言い聞かせました」

小4の2月に都立中高一貫校の専門塾に行くと、最初の塾内テストで1位を取りました。「順位が張り出され、まわりと比べさせて、子どもたちをあおる塾でした。マドカは完璧主義なので、次第にプレッシャーで追い詰められていきました。小6の夏くらいから、ときどきお腹が痛いと休んだり、宿題をやらなかったりすることがありました。小学生なのにそういう世界しか知らなくて、クラスの友だちの手前、やめるとも言えないし、後戻りできない感じでした」

そんなときに、お母さんは「休むくらいならやめれば。別に頼んでやってもらってるわけじゃないんだし」と声をかけていたそうです。

「それを、今、とても後悔しています。やる気がないならやめろ、みたいな脅しに聞こえたんだと思います。塾はそんな雰囲気ではありませんから。もっと、マドカに寄り添って、本当にやめていいんだよ、と言ってあげればよかったと悔やんでいます」

夏以降、マドカさんの成績はどんどん下がっていき、結局、都立中高一貫校受検は不合格でした。練習として都立型の試験をする私立中を受けましたが、こちらは合格したものの、行きませんでした。中学は地元の公立中に進みました。ここでもテストでは学年1位でした。しかし、だんだんマドカさんに変化が表れてきます。学校が楽しいと言いながら、中2のときにはダイエットをして激痩せしました。

中3になると、いじめが始まりました。カバンを隠されたり、机に落書きをされたり、椅子の上に画びょうを撒(ま)かれたりしました。学校へ行けなくなり、今度はストレスで食べて、過食症になりました。部屋に残された落書き帳には、「死にたい」と走り書きがありました。

「中学受験は本人が決めたことだし、失敗したら公立中へ行けばいいじゃない、と思っていました。たとえ失敗したとしても、なんでも経験することはいいこと、と軽く考えていたのです。でも、それはその子の性格によります。マドカは完璧主義なのにもかかわらず、挫折させてしまいました。それから7年経ちましたが、今も自己肯定感が低いままです。**まわりの大人も子どもも、偏差値でしかものを見ていなくて、有名大学進学だけを望んでいる環境で、そういうものに押しつぶされてしまったのでしょう。**

いじめは不登校のきっかけになっただけで、たとえいじめがなくても、不登校になったと思います。本当は、もっとのびのびと、子どものそれぞれの個性を大事にし合う環境で育てたほうがよかったのではないかと思っています」

その後、マドカさんは学校に行けないまま中学を卒業して、通信制高校に入学・卒業し、現在はアルバイトをしています。1聞いて10できてしまうタイプなので、バイト先でも評価されているそうです。お母さんを取材した日は、一人でフランス旅行に行っているということでした。きっとたくさんのことを吸収して帰ってくることでしょう。マドカさんなりに、少しずつ前に進んでいるようです。

お母さんは、マドカさんを通して、社会の見方が変わったといいます。

「あのまま成功していたら、マドカも私も『これだからバカは嫌だよね』みたいなことを言う人になっていたかもしれないと思うと、ぞっとします。マドカにはゆっくり自分のペースでやりながら、ありのままの自分を受け入れられるようになってほしいです。ただ、不登校になったのは、マドカが持って生まれた性格によるもので、違う学校に行ったとしても、変えられなかったと思います。だから、もし子どもが不登校になったとしても、お母さんが責任を感じる必要もないし、ジタバタする必要もありません。それだけは、世の中の不登校で苦しんでいるお母さんたちに教えてあげたいです」

才能あるマドカさん。大きな挫折があったけれども、前を向いてがんばっている姿に、エールを送りたいと思います。

ただ、もし中学受験が過熱する地域に住んでいなかったら、こんなつらい思いをしないで、のびのびと本来の才能を発揮して、楽しい中高生時代を送れたのかもしれません。

精神的に繊細な子、敏感な子、完璧主義の子、そういった子には、住環境選びを慎重にしましょう。ダイキ君やマドカさんのように、中学受験するのが当たり前の環境では、ダイキ君のようになんでもポジティブに受け止められる子はいいとしても、マドカさんのように**繊細で完璧主義の子は追い詰められてしまうこともある**からです。

第3章

親の声かけひとつで滑り止め校も楽園になる

本気で子どもをほめる

ダイキ君が第1志望から第4志望まで落ちて、埼玉の滑り止めの学校に行くことになったとき、まわりの小学校の友だちは、開成、筑波大附属駒場、桜蔭、女子学院、早慶の付属校など有名中に進学が決まっていました。

当然落ち込むだろうと思いきや、ダイキ君はまったく落ち込まなかったといいます。

「気持ちを切り替えることができたんです。知ってる子が一人もいない新しい環境に行くことに、ワクワクしました」

そんなふうに前向きになったわけには、お母さんの声かけがありました。

その学校に決まったとたん、お母さんは、

「ダイキには言ってなかったけど、実は私、その学校の説明会に行って、すごくいいと思ったんだよね。ビビッときたんよ。なんとなくここに行くかもと感じたの、そのとき。これはダイキ、天から糸が引かれてるよ、ここに行く運命だったんじゃない」

と真顔で言ったそうです。

「母親にはすごく感謝しています。この言葉に救われたんですよね。母親は自分では気づいていないと思うけど、そういったポジティブな言葉を浴びて育ってきたから、自分もポジティブに前向きに生きられるんだと思います」

ダイキ君のお母さんに聞くと、

「それは嘘で言ったんじゃなくて、本気でそう思ったから言ったんです。私は、言葉は重要で、言葉が世界を創ると思っているので、先生が生徒を『おまえら』と呼ぶような言葉づかいの悪い学校は嫌なんです。この学校は対話を重視している学校だったので、すごくいい学校だと思ったのです」

と答えます。

ダイキ君のお母さんは、**言葉の重要性を最初からわかっているのに加えて、子どもにおべんちゃらを言うのではなく、いつも本気でほめるのです。**

ダイキ君自身も、

「うちの母親は、気持ち悪いくらい、まっすぐほめるんです。僕のこともそうだし、学校のことも、本気で『すごい学校だね』ってほめるんです」

と照れながら話します。

ダイキ君のお母さんはポジティブな声かけをするタイプですが、そうはいっても、たまには注意することもあります。ダイキ君は中学時代にあまり勉強していなかったので、ときには「なんでこんなにテストできないん」と言われることもあったそうです。

「母親はネガティブなことを言っても、そのことを即刻忘れるタイプなんです。引きずらないんですね。僕の成績に対しても特に興味なくて、なるようにしかならん、という感じなんです。僕が友だちを家に呼んで遊びまくっていても、口出ししませんでした。学力だけがすべてじゃない、という考えで、たとえば、僕が中学で友だち同士の旅行を企画してリーダーシップを発揮しているのもほめてくれました。口出しはしないけど、見てくれている、という感じなんです」

友だちだけで旅行に行ったとき、中学生ではホテルの予約ができないので、お母さんが予約してくれて、こっそり、お母さんも同じホテルの別の部屋に泊まっていたそうです。一緒に行動はしないけど、遠くから見てくれている安心感があったと、ダイキ君は言います。

こうしたお母さんの態度は、大学受験のときも、ダイキ君を支えていたといいます。

「成績に一喜一憂することもなく、勉強の内容にも口出しすることは一度もなくて、自由奔放にやらせてくれました。ただ、変なことをしていると『しっかりやらんか』とつかれるので、ここでも、見ているけど口出ししない、という方針はぶれませんでした」

お父さんとお母さんの絶妙なバランス

ダイキ君のお父さんは、高3のときは単身赴任だったそうで、

「オレも（赴任先で）好きにやるから、おまえも好きにやれ」

と言われたそうです。お父さんから受験の話をすることはなくて、子どもから聞かれたときにはアドバイスをするという姿勢だったといいます。

「両親でトータルにみてくれて、その都度、柔軟にアクションが返ってきました。ときど

き母親がツッこんで、父親に相談するとアドバイスが返ってくる、という関係性で、両親のバランスがよかったと思います。

東大に志望校を決めてからも、母親は『ワセダに受かったら、ワセダ生を息子に持つマダムになれるわ〜』なんて言うので、プレッシャーはありませんでした」

ダイキ君は毎日学校の放課後の特別講習を受けて、その後、自習室で勉強してから帰ってくるので、帰宅はいつも夜11時くらいでした。家では勉強をせず、寝る前に1時間くらい気分転換としてゲームをしていたといいます。

ただ、センター試験の前日、いつも通りゲームをしていたら、この日はさすがにお母さんが注意したそうです。それでダイキ君が、

「オレが今までやってきたことを、信用しないのか、オレが東大行かれへんと思ってるのか」

と言うと、お母さんは謝って黙ったそうです。

「このときは、私が信用していなかったと思い、すぐに謝りました。この子は大丈夫という愛があるかどうか、どれだけ信用できるか、ということが、親子関係に影響してくると思います。親との関係がうまくいくと、人生もうまくいくんじゃないでしょうか」

同じように、お父さんとお母さんのバランスがよくて、子どもたちがうまくいったのは、ケント君とエリカさんのきょうだいです。

東大に進学したケント君と、私大医学部に進学したエリカさんの家では、中学受験も大学受験もお父さん主導だったそうです。

お母さんがこう話します。

「パパはあえてプレッシャーを子どもたちにかけていました。パパ自身が常にがんばっているタイプなので、子どもたちがゆっくりしていると『なにダラダラしてるんだ』と注意するんです。エリカが医学部を選んだのも、最初にパパの勧めがありました。女の子は出産や育児で仕事を離れる可能性も高いので、復帰しやすい資格があるほうがいいから、という理由です。

二人はずっとパパのプレッシャーを感じていました。だから、その分、私が話し相手になろうと努めてきました。二人ともよくしゃべるほうなので、学校から帰ってきたら、勉強しなさいとは絶対に言わないで、ゆっくり話を聞いてあげていました。

パパは結果を重視するタイプで、私は中身が大事だからなんでも一生懸命にやりなさい、というタイプです。子どもたちにとって、パパはずっと怖い存在だったと思います。それでも、私が緩衝役になったから、子どもたちはがんばることができたのです」

多感な中高生の時期に、親がプレッシャーをかけたら、反発するのが普通です。うまくいかないことが多いでしょう。ケンカになって親子関係が悪くなったり、不登校になったりする可能性もあります。

でも、このケースは**お父さんとお母さんのバランスがよかったことに加えて、お父さんが努力する姿をいつも見せていたことが大きいと私はみています。**お父さんは仕事もプライベートもなんでも努力するタイプで、フルマラソンにも挑戦していました。そういった努力する姿を見ると、子どもたちは自然と尊敬します。

反対に、お父さんが休みの日に一日中ゲームなどをしてダラダラしているのに、子どもには「勉強しなさい」と言うようでは、子どもも反発するでしょう。ゲームをしてはいけないわけではありません。もちろん、お父さんたちは仕事場ではがんばっているのですが、それを見せることができず、休みの日の姿しか子どもが知らないと、なかなか尊敬できない、ということです。

仕事でも趣味でもなんでもいいので、お父さんお母さんが一生懸命に努力する姿を見せることが、子どもからの尊敬や信頼につながります。

学校に対する不平不満、悪口を言わない

ケント君とエリカさんが進んだ中学校は、同じ滑り止めの学校でした。

お母さんがこう言います。

「進学が決まって、制服の採寸に行ったときのことです。**滑り止めで入学する子が多い学校なので、お母さんたちの雰囲気がすごく暗いのです。**この先6年間もあるのに、親が落ち込んでどうするの、と思いました。

二人とも第1志望ではなかったけれど、私はご縁があった学校が一番いい学校だとずっと思ってきたので、『この学校でよかったね』と子どもたちに話していました。だから、本人たちは全然気にしていなかったし、入ってからもなんでも前向きに取り組めて、楽し

くのびのびやれたんだと思います」

前出のダイキ君のお母さんのように「天から糸が引かれてる」とまでは言わなくても、**行く学校が決まったら、最大限にほめるべき**です。

注意すべきは、行きたい学校ではなくても、絶対に悪口を言わないことです。

そもそも中学受験では、第1志望に合格できる子は4人に1人しかいません。必然的に第2志望以下に通うことになる確率のほうが高いのが実情です。滑り止め校はもちろん、それ以外の学校でも、「あんな学校、行く必要ない」「あの学校はちょっとね」などと言うのは、慎むべきでしょう。

「学校のことを悪く言って後悔しています」

と話すのは、トモヒロ君のお母さんです。

トモヒロ君は、ネイティブの先生たちが英語で幼児教育をするインターナショナル・プリスクールに通っていたので、小さい頃から英語が得意でした。小2で英検準2級、小5で英検2級を取り、スポーツも万能で、サッカー、テニス、バスケットボールなどたくさんのスポーツの習いごとをしていました。学校でも算数が得意で、マラソン大会はいつも1位、とても活発でリーダー的な存在だったそうです。

得意な英語を生かして、中学から高度な英語教育をしてくれる中学校に行かせたいとお母さんは考え、公立中高一貫校で英語教育に力を入れている学校を受検させようと、塾に通わせ始めました。

しかし、トモヒロ君は、学校自体は見学に行って気に入ったものの、塾に行くことには消極的で、あまり勉強もせず、塾は休んでばかりでした。

「学校のテストだって全部100点だし、そんなの塾に行かなくたって、受かるに決まってるよ」

と、甘く見ていて、まったく中学受験というものをわかっていなかったようでした。

お母さんは焦って勉強させようとして、

「近所の公立中なんて、レベルが低いんだから行かないほうがいいよ」

などと、一貫校に行かせたいあまりに、落ちたら行く可能性のある近所の公立中を悪く言ってしまったそうです。さらに、近くにある私立中のことも、

「あのレベルならわざわざ私立に行く必要なんてない」

と言ったり、

「勉強しないと、商業高校とか工業高校とかにしか行けなくなっちゃうよ」

といった、見下すような発言をしていたそうです。

その後、トモヒロ君は受検に失敗し、近所の公立中に行ったものの、中1の冬から不登校になってしまいました。

得意だった英語も、幼い頃から感覚的にやってきたので、いざ文法中心の勉強になったら全然わからず、100点どころか60点台を取るありさまでした。

小学校の頃から勉強も運動もできてリーダーシップもあって、まわりからすごいと思われていただけに、プライドはズタズタです。「勉強ばっかりしてておもしろくないヤツ」とトモヒロ君が思っていた同級生は有名私立中に進学し、自分は「レベルが低い」とお母さんが言っていた学校が進学先です。行きたくなくなるのも当然かもしれません。

不登校になった今は、ずっと家にこもって、ゲームをしたり動画を見る生活です。

「今は高校に進学できるのかどうか不安です。不登校なので、通信制高校しか行けないと思います。でも、『通信制高校なんて問題外』と私が言っていたので、トモヒロも通信なんて、とバカにして、行く気になってくれません。

今となっては、通信制でも定時制でも商業高校でも工業高校でも、どんな学校でもいいから行ってほしいです。バカにするような発言をしてしまって、本当に後悔しているし、反省しています」

「勉強しなさい」の弊害

ダイキ君のお母さんや、ケント君とエリカさんのお母さんが、「勉強しなさい」と言わなかったのに対し、口すっぱく「勉強しなさい」と言っていたのが、ヨウイチロウ君のお母さんです。

ヨウイチロウ君のお母さんは完璧主義で、出身高校ではいつも一番の成績で、大学は早慶に合格し、卒業しています。だから、自分と同じように自分の子どもは努力できると思っているのです。

「私は勉強しろと言われたこともないのに、なんであなたはやらないの！　努力するのは当たり前でしょう。勉強しない人の意味がわからない。いい大学に行くのは当たり前でしょう！」

ヨウイチロウ君はいつもこう言われて、お母さんとケンカが絶えませんでした。ときにはお母さんを殴ったこともあったそうです。お母さんは厳しく叱りたいわけではなく、きっと愛情があるからこそ、ヨウイチロウ君のためを思って言ったのだと思います。でも、残念ながら、中高生くらいの年代の子どもにはそれがうまく伝わりません。結局、勉強しないまま、高校を退学になってしまいます。

ヨウイチロウ君は今になってこう振り返ります。

「なんであのとき勉強しなかったのか、自分でもわからないけど、ただ、したくなかったんです。中学受験ではがんばって親に認めてほしかった。中学に入って、**がんばらなくても、ありのままの自分を肯定してほしかったた**んだと思います」

ヨウイチロウ君は本来、頭がよく、勉強もできるタイプです。

高校退学後は高卒支援会で立ち直り、支援会の生徒会長を務めるなど能力を発揮します。

当時ファミリーレストランでアルバイトをしていましたが、メニューも完璧に覚えて、仕

事もできるので、店長から社員にならないかと誘われたくらいです。

「メニューを覚えるのには、歴史の用語や年号を覚えるみたいに、蛍光ペンと赤い下敷きを使って、完璧に暗記することができるんです。でも、勉強はそうやってやらなかったんです」

中学高校での勉強はやらなくても、自分で受けようと決めた高卒程度の公務員試験の勉強は、熱心に取り組んで合格しています。

ですから、「勉強しなさい」と強制されると逆にやりたくなくなってしまう、ということです。

こういうと、「だって、最初から勉強を進んでやる子だから言わなくて済むだけでしょう。やらない子に言わなかったら、さらにやらないだけじゃないですか」という反論があるかもしれません。

でも、

「私の態度を変えたら、子どもも変わりました」

と言うお母さんもいます。ノブキ君のお母さんです。

ノブキ君は第3志望のGMARCH付属校に進学しましたが、中学受験からの解放感で、入学後はほとんど勉強をしなくなりました。

中学受験の頃は、算数や理科は好きだったものの、暗記科目が嫌いで、社会や漢字が苦手でした。ですから、英単語など暗記することが多い英語は、最初から苦手で、中1の1学期から赤点を取ってしまいました。

さらに、中学生になってスマートフォン（以下、スマホ）を買ってもらったため、夜遅くまでゲームをしたり、友だちと電話をしたりしていました。夜10時までという約束もまったく守りません。朝もなかなか起きられず、遅刻が多かったのです。

早速1学期末には、赤点で三者面談になりました。担任の先生からは、「英語の赤点をなくして、遅刻も直さないと、このままでは系列の高校に上がれません」と言われました。

このままではまずいと焦ったお母さんは、「勉強しなさい」「早く寝なさい」「早く起きなさい」と口すっぱく言うようになりました。

すると、そのたびにケンカになります。「うるせーんだよ」と反抗し、お母さんの言うことをまったく聞きません。壁を蹴って、穴をあけたこともありました。

2学期になってもノブキ君の態度は変わりません。勉強はしないし、遅刻ギリギリなので、最寄りの駅までほぼ毎朝、車で送ってもらっていました。家からすぐのバス停には、最寄り駅行きのバスが、朝7時台は2分に1本のペースで来て、定期券もあるのに、親に送ってもらうのです。

そんなときに事件が起きました。

夜12時になってもまだ友だちと電話しているノブキ君にキレたお母さんが、

「もうやめて寝なさい！」

と言うと、ノブキ君は電話相手の友だちに、

「なんかこのおばさんがやめろとか言ってるよ」

と笑って話し続けるのです。

「いい加減にしなさい！」

と、お母さんが無理やりスマホを取り上げようとすると、ノブキ君ともみ合いになりました。もみ合いの末、ノブキ君の手がお母さんの鼻を直撃して、お母さんの鼻から血が流れました。

お母さんが振り返ります。

「これが家庭内暴力か、と悲しくなりました。私が鼻血を出しているのに、ノブキはまったく謝りません。『謝りなさい』と言うと、『オレは悪くない、無理やりスマホを取ろうとした母さんが悪い』と言って開き直ります。もう、このままではいけない、なんとかしなくちゃいけないと思いました。親子関係も悪くなるばかりで、こんな状況をダラダラ続けるより、中1の早いうちに変えようと思ったのです」

お母さんが行動に出ました。まず、「親業訓練講座」に通ったといいます。アメリカのトマス・ゴードン博士が編み出したメソッドです。

「目からウロコでした。これまでなんとなく自分なりに育ててきましたが、子ども自身の問題と、自分の問題とをごちゃまぜにしていたと気づいたのです。学校に遅刻することも、赤点を取ることも、系列の高校や大学に進学できないかもしれないということも、すべてノブキ自身の問題で、私の問題ではありませんでした。だから、本人に言い聞かせて、自分で責任を取るように説明したのです」

まず、毎朝起こしていたのをやめたといいます。デパートの時計売り場で一番大音量の

目覚まし時計を買ってきて、

「明日からこれで自分で起きなさい。絶対にお母さんは起こさないし、もう車で送ってもいきません」

と宣言したそうです。

翌朝、ノブキ君は目覚まし時計が鳴ったものの、自分で止めて、いつものように二度寝をし始めました。お母さんはそれを見ても起こしません。7時過ぎに家を出ないと間に合わないのですが、8時、9時、10時、と過ぎていきます。

先生には電話で事情を説明して、何時になるかわからないけれど遅刻になると伝えておきました。

「9時、10時、と過ぎていって、起こしたい気持ちに駆られましたが、ぐっと我慢しました。ノブキが起きたのは11時半でした。私は『今から行きなさい』と、バスで行かせました」

学校に着いたのは12時半過ぎ、お昼休みだったそうで、さすがのノブキ君も、ばつの悪い思いをしたようです。友だちからも「おまえ、ただの遅刻でこの時間、ヤバくね？」などと言われたそうです。

それからは、ノブキ君は自分で目覚まし時計をかけて、早く寝るようになりました。

「うちの母親、マジで起こしてくれないんだよ。本気になるとマジ、ヤバい」と友だちにも話していたそうです。

その後は遅刻をほとんどしなくなりました。中2中3では少しだけあったものの、高校では通学途中で具合が悪くなったときを除いて、一度も遅刻しませんでした。

「勉強しなさい」と言うのも、同時にやめました。

お母さんはノブキ君にこう言ったそうです。

「赤点が増えて進級できないとか、高校に上がれない、大学に上がれないってなっても、それは、ノブキ自身の責任だからね。私に『なんで勉強しろって言ってくれなかったんだよ』とか、後になって言わないでよね。

中学で進級できないなら地元の公立の中学校に転校できるし、高校に上がれなかったら、ほかの高校を受験するとか、通信制高校に行くとか、働くとか、いろいろな選択肢があるから。ただ、これだけお金を出して私立に行かせたのに、自分のせいで行けなくなったんだから、高校受験するなら、公立にしか行かせません。

自分の人生なんだから、自分で考えて行動して、自分で責任を取りなさい」

それからは、ノブキ君が赤点を取ることは一度もありませんでした。得意の数学の成績はいつも上位です。苦手な英語だけは、いつも赤点をギリギリ回避できるくらいの点数でしたが、ちゃんと高校にも大学にも内部推薦で行けるくらいのレベルを保っていました。高校卒業時にはちょうど真ん中くらいの順位で、余裕で大学進学できたそうです（ノブキ君の高校からは8割が内部推薦で系列の大学に進学しています）。

「今振り返ると、ノブキが考えている基準と、私が考えている基準が違ったから、あんなに衝突したんだと思います。ノブキはチャイムと同時にギリギリセーフで着けばいいと思っているのに、私は5〜10分前には席についていてほしい、と考えているわけです。成績も、私は学年でも上のほうにいてほしい、常に努力してほしいと期待するけど、ノブキは少なくとも内部推薦が確保できるレベルにいればいい、と思っているわけです。そして、それは本人の選択なので、私が口出すことではなかったのかもしれません」

一番よかったのは、親子仲がとてもよくなったことだそうです。

「ケンカすることがなくなって、一緒にソファに座ってのんびりテレビを見たり、話をしたりするようになりました。私もノブキのありのままを認めて受け入れているし、本人もそれを感じていると思います。話をしていて、『なにそれー、バカだなあ。でも、それがノブキらしくてかわいいよねー』と言うと、『それなー』とにっこり笑っています。できない子ほどかわいい、って感じです」

とお母さんは笑っていました。

「勉強しなさい」は余計に勉強しなくなるばかりか、親子関係も悪くなります。勉強しなくてはいけない状況なら、子どもは親に言われなくても、十分にわかっているはずです。そこまで子どもはバカではありませんし、もっと信じてあげていいのではないでしょうか。

成績や学歴がよくても親子仲は悪いのと、成績や学歴がそこまでよくなくても親子仲はよいのと、どちらが幸せでしょうか。子どもにとっても親にとっても、その答えは明白ではないでしょうか。

これまでみてきたように、中学受験後の親の声かけで、子どもの人生は大きく変わってきます。ダイキ君のお母さんやケント君・エリカさんのお母さんのように、プラスの言葉をかけて、ほめてあげれば、子どもは自然に勉強するようになっていきます。

一方で、ヨウイチロウ君のお母さんのように「勉強しなさい」と言い続けて、子どもを否定するようなことを言い続けると、勉強しなくなるばかりか、不登校になったり、留年や退学に追い込まれることもあります。

中学受験は長い人生の通過点に過ぎないのです。その後の声かけでどうにでも変わりますから、「絶対に第1志望の○○中に合格するぞ」と目標を立てるのはモチベーションを高めるうえではよいかもしれませんが、必要以上に固執しないことです。

繰り返しになりますが、第1志望に合格するのは4人に1人です。逆に言えば、4人に3人は第2志望以下の学校に行っていることになります。第2志望以下の学校に行く確率のほうが高いことを頭に入れて、「第2志望の△△中も、第3志望の□□中も、第4志望の××中もいい学校だよね〜」などと、**滑り止め校も含め、すべての学校に対してよい面があることを強調しておいたほうがいいでしょう。それが、入学後の子どものやる気につながります。**

中学受験がこれからという小学生のお父さんお母さんにとっては、「そうはいっても、今、中学受験で合格するために、ちゃんと勉強させたい」ことが最大の関心事でしょう。
それについては、次の章で説明します。

第4章

子どもはそれぞれ自分なりの伸びる時期を持っている

無理な早期教育・中学受験が不登校の引き金に

子どもの将来に備えて、中学受験はもとより、幼稚園や保育園の頃から、いえ、もっと早いまだ赤ちゃんの頃から、子どもにお稽古や習いごとなどをがんばらせているご家庭も多いでしょう。小学生になると、「大きくなったんだから、もっとがんばれるよね」と中学受験を目指して、子どもにもっとがんばってもらおうと思うお父さんお母さんの気持ちはわかります。

でも、その子なりのがんばりどき、伸びる時期があると私は思っています。小さい頃から大人になるまで、さらには、大人になってからも、ずっとがんばれる人もいるかもしれませんが、そんな人は一握りで、普通は、根詰めてがんばれる時期もあるけど、リラックスしてのびのびできる時期も必要なのではないでしょうか。

その子が本来持っているがんばりどきを無視して、無理やりやらせていると、不登校の引き金になることがあります。

川崎市に住んでいたカズタカ君は、小3の夏にお父さんに塾の夏期講習に連れて行かれて、塾通いを始めました。初めはただお父さんの言うことを聞いて塾に行っていましたが、途中で東京北部の区に引っ越してからは、近所に塾に通う子が少なかったこともあって、塾に行くことに疑問を持ち始めました。ただ、お父さんは厳しく、

「ごねたら怒られるから、絶対に逆らうことはできなかった」

とカズタカ君は言います。

小6の土日には朝8時から夜8時までずっと塾で勉強させられて、迎えにきたお父さんに、「今日は途中で寝ていたそうだな」とか「昨日間違えた問題をまた間違えている」と注意されて、何度も殴られました。

あるとき、あまりに殴られてカズタカ君は過呼吸になってしまい、病院に搬送されました。お父さんは反省したようで、それ以来、勉強のことを一切言わなくなったそうです。

中学受験では、第1志望の武蔵、第2志望の暁星に落ちて、第3志望の進学校に行くことになりました。文武両道の厳しい指導で有名な学校です。「小学生の頃はなよなよしていた」というカズタカ君に対して、お父さんは強い子に育ってほしいという願いがあり、あえて厳しい学校を選んだのです。

しかし、カズタカ君にはもう、勉強する力は残っていませんでした。

「入学前の春休みの宿題で、英語の教科書を半分までやってこいという課題が出てましたね。勉強するのが当たり前、勉強ができて当たり前という感じで、嫌になったのです」

中1のゴールデンウィーク明けから学校へ行くのをやめました。

「行きたくないから行かねえ」

と言うと、最初の頃はお父さんが無理やり行かせようとしました。お母さんが不登校問題の専門家に相談して「無理やり行かせずに様子をみましょう」とアドバイスされてからは、何も言われなくなり、中1の冬までずっと家に引きこもっていたそうです。

私立中をやめて、公立中に転校の手続きを取りましたが、一度も行くことはありませんでした。中1の冬からは、同じように不登校になっている小学校のときの友だちがいるのを知り、その子の家に行ってゲームをして遊び、途中から二人で近所のフリースクールにときどき行くようになりましたが、勉強は一切しませんでした。

「最初はただ勉強したくないというだけだったけど、途中からは親への反抗だったと思います。しょっちゅうバトルになって、母親を殴ったりしました」

と、カズタカ君は振り返ります。

「母親が嫌いだったわけじゃないんです。ただ、小学生でいい中学に行きたいと本気で思って勉強している子はいないと思います。親に言われて受験をやったんだから、それで嫌なことがあったら親のせい、と思っていたのです」

本人の気持ち、がんばりどきを無視して中学受験をやらせたために、不登校という結果を招いてしまったのです。

不登校を経験したシュンノスケ君もこう話します。

「小さい頃から習いごとをたくさんさせられました。体験レッスンに連れて行かれて、『楽しかった？』とか母親は聞くわけです。『うん』って答えちゃいますよね。特にその習いごとをしたいわけじゃないけど、お母さんの期待に応えてそう言っちゃう。そうやって誘導されていたんだと思います。それなのに、やめたいと言うと、『あのとき、自分からやりたいって言ったじゃない』って言われるんです」

シュンノスケ君は、スイミング、サッカー、音楽教室、英語、幼小児向けの塾に通わされていたそうです。

サッカーをやめたいとお母さんに言うと、今度は野球スクールの体験に連れて行かれ、「どっちが楽しい？　じゃあ、サッカーをやめて野球にする？」とお母さんに言われました。「何かをやめたいと言うと、『じゃあ、その代わりに〇〇をやろうか』と言ってきて、何もやらないという選択肢がないんです。

塾は野外体験もあって楽しかったんですけど、『簡単で楽勝』と言うと、『じゃあ、もっと鍛えてもらえるように、中学受験コースに変えましょう』と、小4の冬から受験コースに変えさせられました。

本当は何もやりたくなくて、ただ遊んでいたかったのに、小さいときは自分の気持ちをうまく言えません。そういうのが積み重なって、学校へ行けなくなった一つの原因になったんだと思います」

とシュンノスケ君は自分で分析しています。

シュンノスケ君はその後、塾をサピックスに変えて、第1志望の慶應普通部、第2志望の早稲田中に落ちて、滑り止めの学校に進学します。

中学の頃は通えていましたが、高1から不登校になってしまいました。不登校になると家で荒れて、壁に穴をあけたりしたそうです。

シュンノスケ君のお母さんも当時をこう振り返ります。

「あんたのせいで学校へ行けなくなったんだ、オレは中学受験をしたくなかったのに、あんたに無理やりやらされたんだ、と責められて、1年くらい口もきいてもらえませんでした。ちょっとしたことで荒れてしまうので、絶えずシュンノスケの様子をうかがい、常に緊張していました。あるとき、買い物途中にシュンノスケが幼かった頃のママ友にばったり会ったのですが、顔を見た瞬間、涙があふれて止まりませんでした。幼くてかわいかった頃のシュンノスケを育てていたときのママ友でしたから、気持ちが緩んで、涙が止まらなくなったのです。そのくらい、いつもギリギリの心理状態でいたのです。本当につらかったです」

これも、本人の気持ちを無視して習いごとや中学受験をやらせたために、不登校になってしまったケースです。

第3章に出てきたトモヒロ君も、やはりお母さんの意向で、インターナショナル・プリスクールに通っていました。

小学校は近所の公立校に通いましたが、せっかく覚えた英語を忘れないようにと、週に1回はプリスクールの小学生向けのプログラムに通い、さらに週1回は英語の塾に通いました。放課後の遊びも、外で遊ぶのはいいけれども、ゲームはダメの一点張りで、ほかの友だちがみんなゲームをして遊んでいるのに、ゲーム機を買ってもらえません。ずっと不満があったのです。

中学受験に落ちて、公立中に進んだものの、英検2級を持っていて英語が得意なはずなのに、文法中心の中学のテストでは思うように点数を取れません。

中1の3学期から不登校になり、ある日、トモヒロ君がお母さんに怒りをぶちまけます。

「オレはずっと、英語なんてやりたくなかったんだ！　ゲームだってやりたかったのに、ずっとやらせてくれなかったじゃないか！　ずっと我慢させられてたんだ！　オレの時間を返してくれ！　英語なんか大嫌いだ！」

こう怒鳴りながら、リビングのソファをひっくり返して、部屋をぐちゃぐちゃにしてしまいました。

「あんたがオレの最大のストレスだから！　しゃべるな！　あんたが何を言おうと、オレはもう動かない！　自分の意志でしか動かないから！」

お母さんが涙ながらに話します。

「本人の気持ちを無視してやらせてきたことが、こんなにトモヒロを苦しめていたんだと反省しました。今はトモヒロの気持ちを大事にして、見守ろうと思っています」

このように、カズタカ君、シュンノスケ君、トモヒロ君は、早期教育、本人の意思を無視した無理な中学受験で、不登校になってしまったのです。

伸びる時期は人それぞれ

こんなふうに不登校になってしまったら、親は絶望してしまいますよね。ずっと引きこもりのままなのか、将来どうしたらいいのか、と8050問題が頭をよぎるかもしれません。子ども自身も「オレの人生、終わった」と落ち込みます。

でも、そんなふうに悲観的になる必要はまったくありません。

子どもを心から信じて待てば、ちゃんとその子なりのがんばりどき、伸びる時期が来るのです。

不登校のまま中学を卒業したカズタカ君は、その後、地方の全寮制の高校へ入れられました。しかし、冬休みで実家に戻ってきたときに、部屋にバリケードを作って、出てこなくなってしまったのです。お母さんが部屋に入ろうとすると暴力をふるいます。

そこで、両親は高卒支援会に助けを求めました。不登校や引きこもりの子どもたちの支援をしている認定NPO法人です。お父さんとお母さんがそろって面談に臨み、カズタカ君もその場に無理やり連れてきました。

最初の面談でカズタカ君は、

「一生働かねえ、ニートでいい」

と言ったそうです。

高卒支援会の理事長・竹村聡志さんは、

「不登校や引きこもりが続いて、親子関係が悪くなってしまうと、もう親の力ではどうにもできません。なるべく早く第三者が介入したほうがいいのです。当会では、年の近い第三者と仲よくなることで、部屋から出て毎日当会に通えるように支援していきます」

と説明します。同会は通信制高校のサポート校も兼ねていて、引きこもりからの立ち直りと同時に高校卒業資格取得を目指しています。

竹村さんは、カズタカ君が普通の高校生が行くようなファミレスやゲームセンター、カラオケなどに行ったことがないのを知り、ほぼ毎日一緒にB級グルメのご飯を食べに連れて行ったり、放課後に遊んだりして、信頼関係を築いていったそうです。こうして、カズタカ君は高卒支援会のなかで自信を取り戻して、大学進学することを決めました。

「オヤジは、オレが小学生のときはやりすぎだったけど、不登校になってからは、大学に行けとか、勉強しろとか、一切言いませんでした。母親も勉強のことは何も言いませんでした。だからそこまで勉強が嫌いにならなかったのかもしれません。もともと小学生の頃は頭がいいという立ち位置だったから、どこか自信がありました。通信制高校の3年生のときも、勉強してなかったけど、本気出せば早慶は余裕っしょ、と思ってました」

しかし、高3のときは勉強に身が入らず、英語の偏差値は29・9だったそうです。

「テストのときに寝てたとか、白紙だったとかじゃなくて、ちゃんと解答を書いてるのに、4点とか6点とかだったんですよ」

とカズタカ君は笑います。

「高3の12月30日になって、やべえ、あと2日で年明けるじゃん、年明けたらセンター試験すぐじゃん、って気づいて、英単語帳を買いに行きました」

と言います。高3のときは勉強していないことが竹村さんにバレないように、ということばかり考えていたそうです。

それが、浪人するとなって、ガラリと変わりました。

「浪人時代はマジでがんばった」

とカズタカ君は語気を強めます。竹村さんも、

「たまには勉強の息抜きしよう、と夜の10時頃にオンラインゲームに誘ったりしていたのですが、少しは付き合ってくれても、1時間くらいで終わりにするんです。全然ゲームに付き合ってくれなくなって、本当に変わりましたね」

と言います。

1年間の浪人で、英語の偏差値は30伸び、カズタカ君はGMARCHの一つに合格し、進学しました。今は公務員として立派に働いています。

カズタカ君のがんばりどき、伸びる時期は、浪人時代だったのです。

同じように、シュンノスケ君のがんばりどきは、大学生になってから、しかも20歳を過ぎてからでした。

シュンノスケ君は通信制高校を卒業後、現役で日東駒専の一つに進学しました。しかし、朝起きられず、大学1年の5月にはほとんど行けなくなってしまいました。結局、前期で休学してしまいます。約1年後、体調がよくなり、朝起きられるようになると、復学してまた大学1年生からやり直しました。

ここからが、シュンノスケ君のがんばりどき、伸びる時期だったのです。

シュンノスケ君は大学の成績もよく、ほとんどの科目で一番上の評価でした。そして法学部で学んでいるうちに不動産業界に興味が出てきました。そこで、自ら国家資格の宅地建物取引士の試験にチャレンジし、見事合格しました。

就職活動では、1年のブランクが気になっていましたが、資格を持っていたので、ハンデにはならなかったそうです。第1志望と第2志望の不動産会社のどちらからも内定をもらい、来春には第1志望の不動産会社に就職します。

シュンノスケ君は、

「これまで、中学受験も大学受験も、本当に自分からやりたいことではありませんでした。でも、自分が本気でこれを学びたいと思ったら、ものすごく集中して勉強できました。他人にやらされる勉強では、できなかったことです」

と話します。
シュンノスケ君自身が学びたいと思ったそのときが、自分のがんばりどき、伸びる時期だったのです。

このように、子どもが伸びる時期は、人それぞれです。たとえ中学受験で成功しても、その後、伸び悩んでしまう子もいますし、中学受験で成功できなくても、**その子自身が本心からやる気になったときには、自然に伸びていく**のです。だから、中学受験に失敗したとしても、大学受験に失敗したとしても、長い目で見れば、その子なりの人生で勝負する時期が必ず来るのです。

中学受験か高校受験か

中学受験を回避したことが成功につながったケースもあります。

埼玉県に住むリュウタロウ君は、小5のとき、友だちが公立中高一貫校を目指して日能研に通っているのを知り、自分も日能研の入塾テストを受けてみたいと言い出しました。

お母さんは、

「初めは中学受験を考えていなかったんですけど、公立でお金がかからずにいい教育が受けられるならいいかな、と軽い気持ちでテストを受けさせることにしました」

と話します。

小学校低学年から公文に通っていて、国語はとてもよくできて、進みすぎているくらいでした。英語も始めたところ、英語もすらすらでき、順調に伸びていました。ですから、日能研のテストを受けると聞いて、ある程度期待していたそうです。

ところが、いざテストを受けてみると、ひどい結果でした。

「何を思ったのか、算数の解答用紙に、すべて漢数字で解答が書いてあるのです。びっくりしました。受験以前の問題だと思ったのです」

とお母さんは振り返ります。

早稲田アカデミー（以下、早稲アカ）の説明会にも行ってみたところ、教室長からは、

「中学受験は自立できている大人びた子に向いていて、幼い子には向いていない」

と説明されたことに、心底納得したといいます。

「まさにそうだな、と思いました。リュウタロウはのんびり屋でおっとりしているタイプ。中学受験は不利だと思い、高校受験を見据えて、早稲アカで小5から開講している高校受験コースに変えることにしました」

また、公文でやっていた英語が得意だったことも、高校受験を選択する決め手になったといいます。

「夫の会社では英語が社内公用語になっていたので、夫からは英語教育には力を入れるように言われていました。それで公文で英語をやらせたら得意になったのです。中学受験では英語は受験科目にないけど、高校受験では生かせると思いました」

お母さんの予想はずばり的中しました。

幼くておっとりしていたリュウタロウ君は、中学に入ってからは見違えるように大人っぽくなり、勉強にも部活にもしっかり取り組む頼もしい子になりました。早慶の付属校を受験して合格し、そのまま系列の大学に進みました。

「あのまま中学受験したとしても、とても早慶には入れなかったと思います。無理にやらせないで、のびのびと小学校時代を過ごさせて、高校受験を選択してよかったですね」

同じように中学受験を回避したシュウゴ君のケースです。

シュウゴ君が住む神奈川県のある地域では、中学受験をする子がとても多かったのですが、シュウゴ君は少年野球に打ち込んでいました。

「小学生の頃のシュウゴの成績は全然よくなくて、中学受験なんてとても無理でした。まわりの親子が中学受験に熱心に取り組むのを横目に見ながら、シュウゴには好きな野球を思い切りやらせてあげようと決めました。そこで高校受験を前提にして、小4から地元の小さな塾に通わせたのです。長期的な目標を立て、野球を目一杯やる時間を確保しながら、勉強も両立できるようにと考えたのです」

とお母さんは言います。

結局中学3年の引退まで野球をやめることなく、勉強と野球を両立したまま高校受験に臨みました。

結果は志望していた早慶付属高校に合格し、系列の大学にそのまま進みました。

「好きな野球を続けたまま志望校に合格できたので、小学生のときに、まわりに流されずに初心を貫いてよかったと思っています」

まわりの子が中学受験しているから、と焦ってやみくもに参戦するより、自分の子どもは中学受験のほうがいいのか、高校受験のほうがいいのか、見極めるべきなのです。

中学受験に向いている子

- どちらかというと早熟で大人っぽい子（一般的に男子より女子に多い傾向）
- 素直で努力ができる子
- 算数は得意だけど、暗記は苦手で、漢字や社会が苦手
- 女子校、男子校の雰囲気が好き、憧れている

高校受験に向いている子

- どちらかというと幼い子（一般的に男子のほうが成長が遅い）
- こだわりが強い、自分のポリシーがしっかりあるので、親の言うことは聞かない

■繊細な子
■英語が好き、英語が得意
■暗記力が優れている
■早慶を目指したい（男子）
■睡眠時間が長いタイプ

中学受験に向いているのは、先ほどのリュウタロウ君のお母さんが塾の先生に言われたように、やはり、自立している大人っぽい子、つまり、親が手をかけなくても、自分から勉強できる子です。子どもっぽい子、幼い子、のんびりしている子、おっとりしている子は、まだ成長の途中にありますから、受験は高校受験まで待ったほうがいいでしょう。

ある大手塾を経験したベテラン塾講師は、

「はっきり言って、男子はみんな中学受験に向いていません」

と断言していました。小学生の男の子はまだ幼くて、塾でも座っていられない、黙っていられない、おしゃべりしてしまう、という子も多いです。本書の冒頭に出てきたダイキ君も、

「小6になっても、塾のパーテーションによじ登ったりしていましたね。とても勉強できる状態じゃなかったと、今になって思います」

と話していました。

それでも、男子は中学生になるとぐっと大人っぽくなり、高校受験や大学受験を意識すると、自分から勝手に勉強するようになるのです。そういうタイプの男の子には、高校受験のほうがオススメです。

素直で努力できる子は、親や先生から言われたことを一生懸命やれますから、中学受験でもどんどん伸びていくでしょう。しかし、自分というものがしっかりある子は、そのときはやったとしても、後々、「自分はやりたくなかったのに、無理やりやらされた」と親に言ってくることがあります。その不満から、勉強しなくなったり、不登校になったりすることもあります。**自分の意見やこだわりを持っている子、親が何を言っても動かない子に、無理やり中学受験をさせると、後々親子関係が悪くなることもありますから、高校受験のほうがおすすめ**です。

また**繊細な子は、小さいうちから競争やプレッシャーにさらされると、つぶされてしま**

うことがあります。第2章のマドカさんのように、すばらしい能力があっても、発揮できなくなってしまうことがあります。小学生のうちはなるべくのびのびさせて、プレッシャーがかかる受験は高校受験にしたほうがいいでしょう。

算数が特にできる子は中学受験でも高校受験でも基本はどちらでも大丈夫です。中学受験では算数一科目受験ができる学校がいくつかありますから、これを狙うのも手です。ただ、算数は好きだけど、漢字とか社会とかの暗記ものは苦手、という子は中学受験のほうがいいかもしれません。なぜなら、高校受験、大学受験では英語が必須だからです。まず英単語を覚えないと話になりません。

ノブキ君は算数が好きで得意でしたが、暗記が苦手で、漢字の問題や社会の暗記ができず、特に社会の成績が悪かったそうです。ノブキ君のお母さんは、

「この状況では、中学に行ったら英語で苦労するだろうと思いました。中学受験に焦点を定めていたので、受験科目にない英語は、まったく勉強していませんでした。その状況に加えて、暗記が苦手なので、英単語が覚えられそうにありません。英語が苦手になるのは目に見えていました」

と話します。ノブキ君のお母さんの予想どおり、ノブキ君は中1の1学期から赤点を取ってしまいました。第3章でご紹介した通り、その後はお母さんの声かけで、勉強するようになりましたが、英語はいつも赤点ギリギリのまま6年間が終わりました。それでも付属校ですから、そのまま系列の大学に内部推薦で進学できました。

「本当に付属でよかったと思いました。大学受験では英語が必須ですから、とても大学受験でGMARCHには行けなかったと思います」

中学受験で早慶を目指すご家庭も多いですが、特に男子は中学受験ではなく高校受験のほうが門戸は広いといえます。

たとえば、早大学院の募集人数は、中学では120人しかありませんが、高校では360人と3倍に増えます。

慶應普通部（中学受験）も、募集人数が180人なのに対し、慶應義塾高校（塾高）では370人にもなります。

また、早慶どちらも、中学はなくて高校からしか入れない付属校があります。慶應義塾志木高等学校（慶應志木）は230人の募集があり（男子のみ）、早稲田大学本庄高等学院は男子が１４５人、女子は１００人の募集があります[※1]（帰国生入試とI選抜をのぞく）。
こうみると、男子で早慶を目指すなら、高校からのほうが門戸は広いです。

女子は早慶ともに募集人数が男子に比べて非常に少ないです。

慶應中等部の募集人数は男子１２０人に対し、女子は50人しかありません。慶應女子高の募集も１００人しかありません。中学受験でも高校受験でも人数が少ないので、どちらも最難関です。

共学の慶應湘南藤沢の募集人数は、中学受験では一般入試70人、帰国生入試３０人、高校受験では帰国生入試20人、全国枠入試若干名となっていて、高校からはほとんど入れません。

※1 細かくいうと、慶應中等部、慶應普通部を卒業した男子は塾高か慶應志木か進学先を選択できるので、慶應志木には内部進学者もいるわけですが、慶應中等部、慶應普通部からの内部進学者は塾高のほうを選択する人が多いですから、慶應志木は高校から入る子がほとんどです。ちなみに、早稲田中学校・高等学校は、約半分が早稲田大学に進学しますが、残り半分は国立や医学部など外部受験するので、付属校というより進学校の側面が強いため、ここでは言及しません。ここは中学のみ男子３００人の募集です。

女子で早稲田に入りたいなら、中学受験では早稲田実業（早実）しかありません。女子の募集は40人しかありません（男子は70人）。高校入試では男子50人、女子30人の募集があります（推薦入試をのぞく）が、少数激戦です。

つまり、**女子は門戸が狭くて激戦ですが、男子なら高校受験で早慶を目指しやすいのです。**

一方、伝統的な男子校や女子校、ミッションスクールに憧れている場合は、中学受験です。こういった学校は高校募集がないところが多く、特に女子校はほとんど完全中高一貫校といってもいいくらい、高校から入れるところは限られてきます。

御三家（男子は開成・麻布・武蔵、女子は桜蔭・女子学院・雙葉）でみると、男子は高校から入れるのは開成だけです。女子の御三家はすべて完全中高一貫校で高校募集がありません。

高校募集を停止して完全中高一貫校にする傾向が続いています。2006年には浦和明の星、2011年には海城、2018年には成城が高校募集を停止しています。最近では本郷が2021年から、豊島岡が2022年から高校募集をなくし、完全中高一貫校になっています。

都立でも2021年から富士、武蔵が、2022年から両国、大泉が、2023年から白鷗が募集をやめて完全中高一貫化しています。

こういった学校に子どもが強く憧れている場合は、ぜひとも中学受験でがんばってほしいと思います。

第5章

失敗しない塾の選び方・塾との向き合い方

体験授業を複数受けて子どもに選択肢を

実際に中学受験を始めるとしたら、まずは塾選びから始まります。わが子にどの塾が合っているのか、見極める方法はあるのでしょうか。

大手中学受験塾の講師を経験し、現在は小規模塾の塾長をしているカワカミ先生は、こう打ち明けます。

「大手塾はみな人材確保が難しいので、社員もある程度はいますが、大学生のアルバイトがとても多いです。卒塾生がそのままアルバイトで講師になっています。塾は校舎の差、先生個人の差が大きくて、一概には言えません。まずは、お住まいの地域で、通える範囲にある塾をいくつか体験させて、親が決めるのではなく、子どもが気に入ったところを選ぶのが一つの方法です。選択肢をいくつか与えてあげるのが大切です」

圧倒的な実績、ドライなサピックス

ここからは、各塾について、たくさんのお母さんたちや卒塾生に取材した内容をもとに紹介していきます。**あくまでそれぞれの個人的な経験に基づいたデータと感想ですので、ご参考程度にしてください。**実際に入塾する際は、ご自身でご確認いただき、検討してください。

まずは中学受験で圧倒的に強いサピックスです。難関校の合格者数はナンバー1で、上位校を目指す子向けです。

毎回大量のプリントを配って、それをもとに授業を進めていきます。一番の強みはこの非常によくできた教材です。ただ、子ども自身がプリントを管理するのはとても難しく、たいていは親がプリントのファイリングをする必要があります。メリットは毎回教科書を持っていく必要がないので、リュックが軽くて済むことです。

お弁当がないのも親にとってはメリットです。午後4時30分くらいから前回の振り返りの小テストを始め、5時から授業が始まり、休み時間はなく（教科の入れ替え時のトイレは可）、通しで夜8時（小4と小5）または9時（小6）まで授業があります。ですから、塾に行く前に軽食を食べて、帰ってから遅い夕食を取る形になります。

小4は週2日、小5は週3日、小6になると平日2日と土曜日の志望校別特訓のほか、9月からは日曜に難関校SS特訓（サンデー・サピックス）があります。

授業が終わると、質問がある子がずらりと並んで、前から順に先生に質問をしていきます。自分から質問に行く積極的な子にはいいですが、自分から質問に行かない子は、わからないところがあっても、そのままになってしまいます。

長男をサピックスに通わせていたという女性弁護士のミツイさんはこう話します。

「小4からサピックスに入れましたが、長男は絶対に質問に行かないタイプでした。ですから、わからないところは私が教えていました。私が個人事務所を開業することになり、忙しくなって、小6からは一人でやらせるようにしたのですが、それが失敗でした。質問に行かないので、消化しきれなかったのです。結局、第1志望の開成、第2志望の渋幕は不合格

に終わり、海城とラ・サールに合格しました」

「サピックスは上位クラスだけ、手厚い気がしました」

と話すのはエリカさんのお母さんです。お母さんにとって最初の中学受験だった上の子のケント君は日能研でしたが、2回目の受験となると、一番実績のあるサピックスに行ってみようと、妹のエリカさんを新小5から入れました。

「同じ小学校で同じサピックスの校舎に通っている天才肌の男の子がいました。その子は開成に受かって、大学も東大理3に行ったんですけど、その子は塾でも自由気ままにしていても怒られないし、逆に先生がフォローしてくれるんです。親からのお願いも全部聞いてもらっていましたね。私も先生にもうちょっと○○を見てほしい、とかお願いしましたが、あまりやってもらえませんでした。エリカ自身も態度の違いを感じていたくらいです。子どもが感じるくらいなんだから、よっぽどだと思います」

シュンノスケ君のお母さんもこう話します。

「シュンノスケは小5からの入塾で、みんなより遅れていたこともあり、サピックスの中でそれほど成績はよくありませんでした。絶対に質問しないで、授業が終わったら速攻帰るので、あまり先生との接点はありません。先生と親の面談でも、通り一遍という感じでした。その態度が激変したのは、慶應普通部の1次試験に合格したと電話で報告してからです。初めて塾長から電話がかかってきて、すぐに両親そろって来るように言われ、2次試験の面談の指導を受けました。それまで塾長と話したこともなかったので、その態度の変化にびっくり。有名校に合格しそうになると、こんなに態度が違うんだと実感しました」

サピックスはドライだとよくいわれますが、カワカミ先生は、

「先にハードルを上げているからそう感じるのかもしれませんが、最近は結構、親のお願いにも対応してくれるようです」

と言います。

「ただ、上位校向けの指導なので、子どもの学力などに応じて、新6年になるタイミングで別の塾に移ったり、個別指導塾に変えるご家庭はよくあります。6年の途中で移るとその後の調整が大変なので、遅くともこのタイミングで移るべきですね」

とアドバイスします。

サピックスの一番の強みは、教材です。特に、算数の「基礎力トレーニング」（通称・基礎トレ）は、口コミでも圧倒的な人気です。毎日10問の基本的な1行問題を続けると、実力がつくようになっています。

日能研に子どもを3人通わせていたイシカワさんはこう言います。

「2人目の長男の成績が伸び悩んでいたところ、ママ友から『基礎トレやったら、絶対伸びるから教材あげるよ』と言われて、小6の夏休みに毎朝5時からやらせました。そうしたら、偏差値が48から58に一気に10も伸びたんです。本当にすごい教材です」

ほかにも、他塾生でもサピックスの「基礎トレ」だけはやった、という人が何人かいました。それだけ、教材に圧倒的な信頼感があるということです。

成績上位で御三家クラスを目指せる子は、サピックスで友だちができて、そのままみんな同じ中学に行ったり、中学でも同じ塾（鉄緑会など）だったり、東大で再会したりと、サピックスの友だちとずっとつながっていけるので、メリットがあります。成績的にも余裕を持って取り組めるようであれば、サピックスがいいのでしょう。先ほどの「基礎トレ」なら、早い子は約3分で終わりますから、少なくとも約10分で終わる子です（あくまでも一つの目安です）。「基礎トレ」で1時間かかってしまう子もいますから、それだけなんでも早く解ける子なら、余裕を持ってサピックス生活をエンジョイできるでしょう。

合宿に鉢巻、熱血の早稲アカ

トップを独走するサピックスに追い付け追い越せと、急成長してきたのが、早稲アカです。熱血指導で知られ、夏合宿に密着取材したテレビ番組が放送されたことも何度かありましたから、見たことがある人もいるかもしれません。

テキストは四谷大塚の「予習シリーズ」をメインに使います。よい教材ですが、分厚いものが何冊もありますから、塾に通うときのリュックが重いのがデメリットです。大人の男性でもびっくりするくらいの重さです。

コロナ前まではお弁当があったので、親は大変でした。お弁当を食べる時間に友だちと話したりできるので、サピックスに比べると、友だちができやすく、仲よくなれるというメリットが子どもにはありました（卒塾してからも、同窓会をしてときどき会うという子もいます）。ただ、コロナ禍からはお弁当の時間はなくなりました。

午後5時に授業が始まり、小5と小6は夜8時30分まで（小4は7時40分まで）授業です。小4は週2日、小5は週3日、小6は平日の3日に加えて、土曜は四谷大塚のYTテスト、日曜はNN志望校別コース（後述）があります。小4、小5でもYTテストを毎週受ける子もいますから、受ける子は小4で週3日、小5で週4日になります。

自習室があることもメリットです。夜10時まで空いていますから、家で一人で勉強できないという子は、自習室で勉強できます。授業の前後に利用するだけでなく、授業がない日にも自習室に来る子もいます。

サピックスには自習室はなく、自宅で自学しましょうという方針ですが、小学生の子どもで自律的に勉強できる子はそんなにいませんから、自習室は大きなメリットです（ただし、そのクセがついてしまうと、中高生になっても、自宅で勉強できないタイプになってしまいますが）。

早稲アカの名物になっているのが、夏合宿です。

先生も子どもも鉢巻を巻いて、一心に勉強に取り組みます。コロナ禍で一時は中止になりましたが、コロナ禍が終わって、小4と中1の夏合宿は復活したそうです。

かつて早稲アカの講師をしていたというクロダ先生は、こう話します。

「合宿をするのは、子どもたちに塾を愛してもらうためです。叱って、励まして、塾を好きになってもらって、子どものモチベーションを上げるのです。もう一つ、先生たちが熱血になるにはワケがあります。夏合宿の最終日には子どもたちからのアンケートで、先生の順位を決めます。先生同士で競わせているのです」

先生は夜中2時過ぎまでミーティングをして、朝は6時半からラジオ体操をするそうです。先生にとってもかなりハードです。

子どもは夜10時まで授業を受けます。ただ、合宿といっても勉強漬けではなく、キャンプファイヤーがあったり、合宿に行く途中にサファリパークに寄ったり、楽しいこともあって、メリハリがあります。授業では同じレベルの友だちと競って、切磋琢磨して、最終日には表彰式などもあります。鉢巻には、先生にメッセージを書いてもらったりします。

早稲アカに通っていたノブキ君は、こう思い出を語ります。

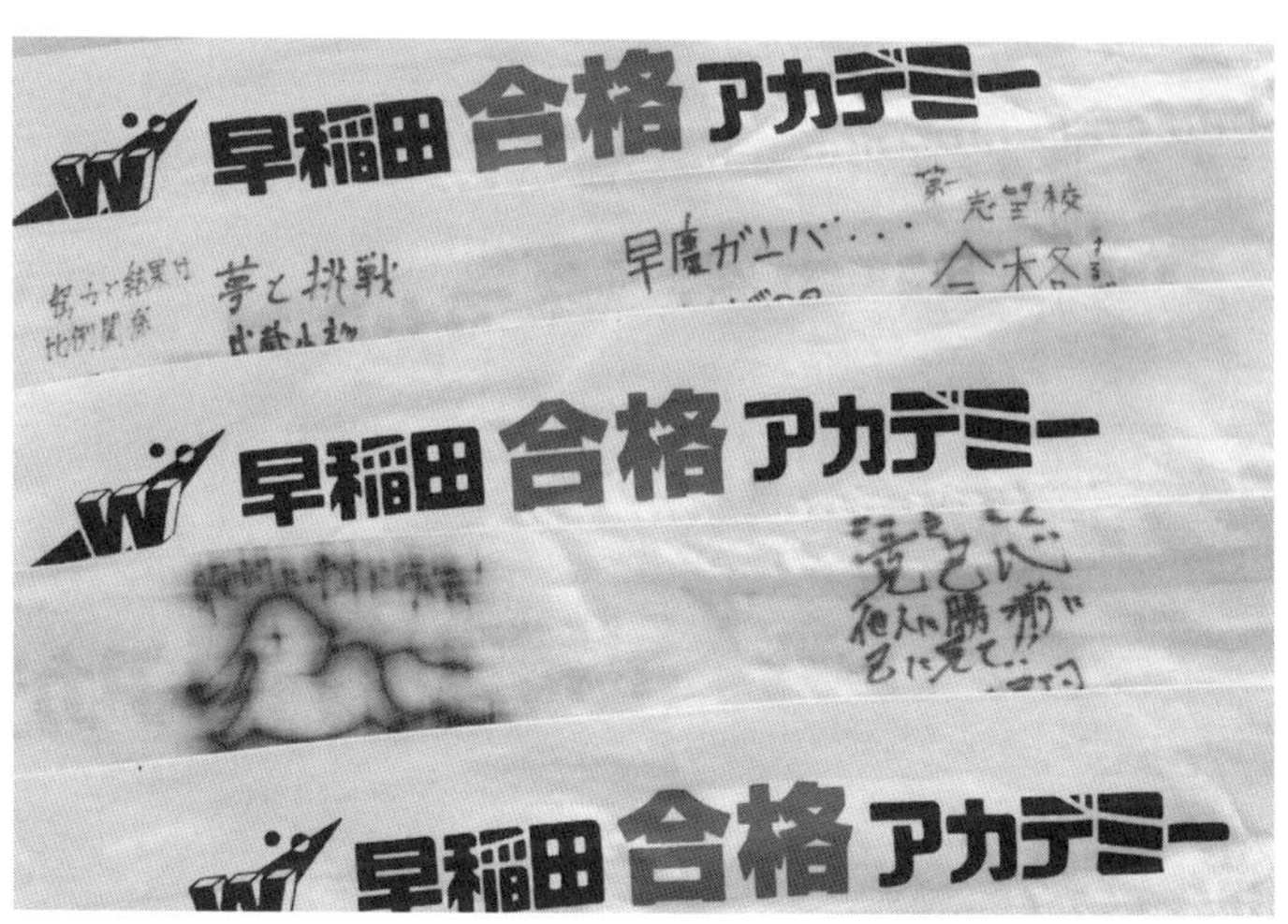

▲集めた鉢巻

「僕は、小4、小5、小6の合宿に全部行って、正月特訓にも出たので、先生たちからメッセージを書いてもらった鉢巻4本を持っていました。小6の1月最後の授業は、中学受験出陣式で、ここでも1本鉢巻が配られて、『絶対合格するぞー』とみんなで気合を入れました。僕は新小3から通って、先生たちにたくさんかわいがってもらいました。小3の頃は座っていられなくてよく怒られたけど、授業の前後には先生に質問しに行ったり、雑談したり、先生たちとも仲がよかったのです。出陣式でそれまでに集めた鉢巻5本を並べていたら、仲のよかった先生が、『こんなに小さい頃からずっと来てくれてたんだな』と男泣きしていました。本当に熱い思いを持った先生が多くて、よく面倒をみてもらいました」

クロダ先生もこう話します。

「とにかく人が足りないので、通常授業のほかに、月に1回ある組み分けテストのための対策授業、中学生の定期テストの対策授業などもやらされます。週1日は休みのはずなのに、最高200連勤とかしていましたね。それでもやり遂げてしまう、それくらいみんな熱血なんです。定年近いおじいちゃん先生はたいていクールなんですけど、それでも、お互いの教育観を話していると、ときどき熱くなっていましたね」

たくさんある塾のなかでも、早稲アカの熱血ぶりが特に際立つのが、入試応援です。コロナ前までは、各中学校の入試当日の朝に、それぞれの塾の先生たちが塾の旗や横断幕を掲げて、校門から校舎までの間にズラリと並んでいました。私も何度も取材していますが、どの中学校の入試に行っても、校舎の一番前に陣取っているのが早稲アカです。入試が8時30分集合、7時30分開門だとすると、だいたい早稲アカの先生は一番乗りで、暗いうちから場所取りをしています。私の取材に、4時30分くらいから来ていると答えた先生もいました。

クロダ先生は、こう説明します。

▲入試応援に集まった先生たち

「入試応援で給料が出る場合もあるけど、多くは無給でした。それでもみんな入試応援にかけていました」

コロナを機に入試応援はやめたほうがいいんじゃないか、入試前の緊張している時間に先生に会うのはどうなのか、何より先生たち自身がやめたがっている、と書いていた教育ジャーナリストの方もいました。

でも、私自身は、入試応援を取材して、たくさんのドラマを見てきましたので、コロナ後もあったほうが、子どもたちにとって心強いと思います。取材をしているなかで、先生自身が中学受験のときに使った赤本を、同じ志望校を受験する教え子に「お守りにして」と渡していた姿もありました。

こんなふうに、先生と子どもの心が通い合うこ

▲先生たちに見送られながら会場入り

とは、子どもの成長にとってとても有益なことです。特に思春期は、親でも学校の先生でもない、少し斜め上くらいの関係の人がいることが、成長において大事だといわれています。塾の先生は、まさにその斜め上の存在です。入試応援は、子どもにとって信頼できる大人との関係性を実感できる場なのです。

ここまで読むと、サピックスよりも早稲アカのほうが手厚いと感じるかもしれませんが、成績上位の子に手厚いのは、早稲アカも同じです。

早稲アカが合格者を増加させてきた原動力になったのが、小6のNN志望校別コースです。NNとは「なにがなんでも」の略で、NN開成、NN麻布、NN武蔵、NN駒場東邦、NN早稲田、NN早大学院、NN慶應普通部、NN桜蔭、NN女子学院、NN雙葉、NN渋幕、NN早実の12コースがあります。

平日に通っている近所の校舎ではなく、日曜日に志望校別コースを開講する校舎で各校舎から一堂に集まって受講します。志望校の傾向を徹底的に研究した講座で、志望校が同じ子どもが一緒に授業を受けたり、入試そっくりなテストを受けたりするので、志望者の中で自分がどのくらいの位置にいるのか、わかりやすくなっています。

サピックスでもサンデー・サピックスがあって、志望校に絞った対策講座となっていますが、この講座では各校舎の中で志望校別に分かれます。そのため、1校だけに絞っていない場合もあり、たとえば「早稲田・海城コース」のように2~3校まとめたコースもあります。ですから、サピックス生でも、サンデー・サピックスを受けないで、早稲アカのNNを受けるという子もいます。

たいてい、NNの志望校別オープン模試は他塾の子も受けられますので、そのなかで成績のいい子は特待生として授業料無料にして、NNに通わせて、それを合格実績に加えていたりします。合格実績に入れるには○時間以上授業を受けた場合、というような取り決めがありますから、どうしても入ってもらいたい子どもには、NNの先生がその子の地域の教室まで行って教えたりするという手厚さです。他塾の子なら全員が無料というわけではありませんが、かなりの面倒見のよさです。

前出の弁護士のミツイさんも、下の子のときは普段はサピックスに通わせながら、ＮＮ雙葉にも通わせたといいます。

「うちは特待ではありませんでしたが、1月のサピックスの正月特訓は行かないで、ＮＮ雙葉の正月特訓を受けました。サピックスからは、『本当に正月特訓を受けないんですか?』と言われ、頭おかしいんじゃないか、くらいの扱いを受けました。ＮＮの先生は本当に面倒見がよかったです。お電話もいただいて、励ましてくれたりしました。ＮＮの予想模試に出た問題とそっくりな問題が実際の入試に出て、第1志望の雙葉に合格できました。サピックスに合格の連絡をしたら、『本

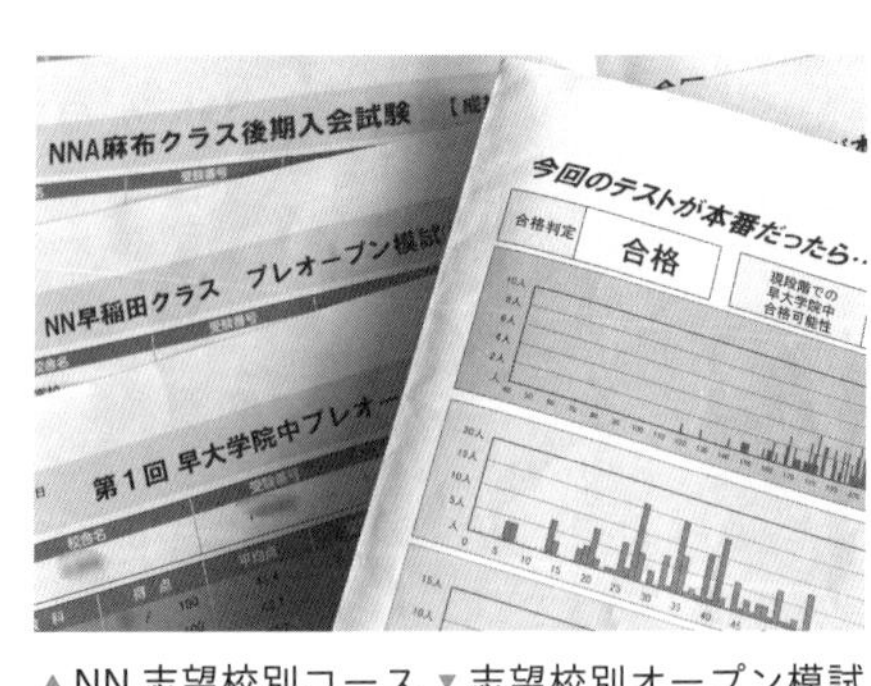

▲NN志望校別コース ▼志望校別オープン模試

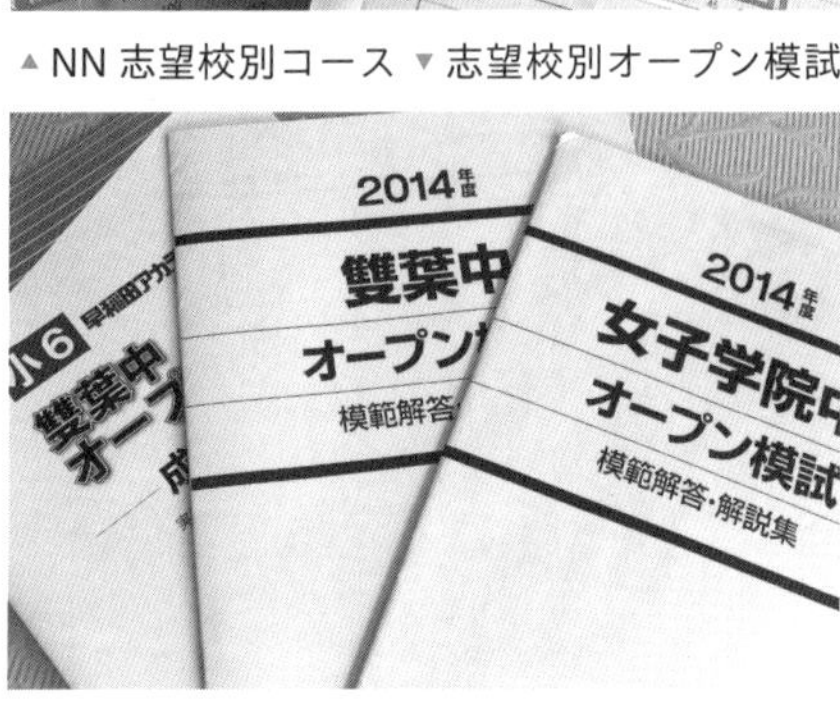

当に受かったんですか?』と驚いていました」

結局、サピックスと早稲アカの両方に合格者としてカウントされたということです。

塾業界の興隆

1980年代に創業したサピックス、70年代に創業した早稲アカが中学受験市場を席捲(せっけん)してきたのは90年代からで、それ以前は、50年代に創業した四谷大塚と日能研が中学受験塾の主流でした。

四谷大塚も日能研も、中学受験だけというところが特徴で、サピックス、早稲アカと違って、小学生に特化している強みがあります。親が卒塾生というケースが多いのも特徴です。

ちなみに、サピックスは代々木ゼミナールグループで、高校受験はサピックス中学部、大学受験は主に中高一貫校生向けのY—サピックスがあります。早稲アカは、中学受験より高校受験のほうが強く、早慶付属校、開成高校、慶應女子の合格者数が、それぞれ1位を長年キープしています。中学受験にするか高校受験にするか迷っているなら、早稲アカで小3と小4は算数と国語だけ取って、小5に進級するときに、中学受験コースにするか、小5から始まる高校受験コースにするか選択するのも一つの方法です。第4章で紹介したリュウタロウ君の例も参考にしてみてください。

学童代わり？の四谷大塚

「共働きだったので、学童代わりに選んだのが四谷大塚です」

と話すのはタナカさんです。

「今はサピックスや早稲アカでも小1から開校していますが、長男のときには近所で小1からやっているのが四谷大塚しかなかったので、小1のリトルコース（現・リトルスクール）に入れました」

と言います。今では年長から開校しています。オンライン授業もあるので、遠方だったり時間が合わない場合でも学ぶことができます。

四谷大塚のテキスト「予習シリーズ」は中学受験のテキストの王道となっていて、早稲アカをはじめ、たくさんの塾でも使われています。「予習シリーズ」を使っている塾は、四谷大塚の準拠ということになっていて、私が塾関係者に取材したところによると、準拠塾の中学受験の合格実績は、四谷大塚の合格実績に反映されているそうです。ですから、合格者数は注意して見る必要があります。入塾を検討している校舎単体でどれだけの合格者が出たのか、確認すると目安になるでしょう。

四谷大塚といえば、「全国統一小学生テスト」が有名です。全国で無料で行われるので、腕試しに受けてみた子を、どんどん青田買いして入塾させるわけです。

タナカさんはこう振り返ります。

「小1のリトルコースからいた子が、その後も上位にいたかというと、そうでもなくて、小4から入った子のほうが上のクラスにいたりしました。小1からいた子は二極分化していく感じです。面倒見のよさはどうかというと、やはり四谷大塚でも上のクラスには手厚いけど、下のクラスにいたらお客様状態です。それはどこの塾でも一緒ですし、中学高校でもそうです」

小1・小2は週1日75分、小3は週2日で1回100分、小4は週3日、50分×3コマの授業が2日と、週テスト（5週に1回は組み分けテスト）が1日あります。小5・小6は週4日、70分×3コマの授業が2日、特別特訓と教科特訓が1日、土曜日は週テストと5週に1回の組み分けテストがあります。小6の後半はさらに日曜日に学校別対策コースがあります。

四谷大塚でも学校別対策コースに力を入れています。小6では開成・麻布・武蔵・駒場東邦・海城・早稲田・栄光学園・聖光学院・浅野・桜蔭・女子学院・雙葉・豊島岡・フェリス・浦和明の星・慶應・早実・渋幕・渋渋、と設置コースが多いです。また、小石川コース、九段コースなど、公立一貫校の学校別対策コースもあります。

タナカさんの息子さんも海城コースに通ったそうですが、残念ながら第1志望の海城は不合格になったものの、第2志望の人気進学校に合格して進学しています。

面倒見のいい日能研

「シカクいアタマをマルくする。」のキャッチコピーでおなじみの日能研。

前出の大手塾講師経験者のカワカミ先生は、

「その言葉のとおり、理論をしっかり教えていますから、下手なサピックス生や早稲アカ生よりも基本的な考え方が身についています。植木算なんかでも、ちゃんとイメージを持っている子が多いので、日能研出身の子は伸ばしがいがあります」

と評価します。

日能研といえば、テストの成績順に席に座らせることで有名です。順位が一目瞭然でわかってしまうわけですから厳しいですが、カワカミ先生は、

「子どもが嫌がるならやめたほうがいいですが、それに慣れておくことも必要です。入試では結局値踏みされるわけですから、どこかでショックを受けるタイミングが必ずあるはずです。ですから多少の刺激はあったほうがいい。そもそも、子どもは基本的に競争が好

きな生き物です。集団授業の醍醐味はそこにあります」

と言います。

「小5からカリキュラムテスト（通称・カリテ）の成績順に前から座らせられるんです。クッソ気持ち悪かった」（前出のイシカワさんの長男）

と言う子もいれば、ケント君のお母さんは、

「テストの成績によってクラスが入れ替わり、クラスの成績上位3人は『優ノート』がもらえるシステムになっていて、毎回そのノートをもらうのが励みになって、ケントはがんばることができました」

と言います。子どもによって捉え方は違うので、子どもに合うかどうか、見極めるのが大事でしょう。

小3は週2日（午後4時50分〜6時）、小4は週2日（4時50分〜7時20分）、小5は週3日（4時50分〜7時20分）、小6はクラスによって週3〜4日（平日は4時50分〜8時45分、土曜は2時〜7時10分）のほか、日曜日に日特（後述）とテストがあります（校舎によって多少の違いあり）。

塾の雰囲気について、ケント君のお母さんは、こう振り返ります。
「幅広い層の子たちがいて、人数も多くて学校みたいでした。どのクラスにも担任がいて、よく見てくれる感じでした。子ども同士がとても仲よくなって、卒塾した後も7人グループでよく会っていました。先日、ケントが結婚したときには、みんなが結婚式に来てくれました。本当にいい仲間に恵まれてよかったと思っています」

子ども3人を日能研に通わせていたイシカワさんはこう言います。
「きょうだい割引があったので、上の2人は小4から、下の子は小2から通わせていました。先生は優しくて面倒見がよかったです。御三家狙いの子には結果を出せるような指導もしていました。一方で成績が下の子もたくさんいました。うちは中の上くらいでしたが、先生たちに威厳がなくて物足りなさを感じて、2人目と3人目は途中で早稲アカに転塾しました」

日能研でも小6では「日能研入試問題研究特別講座」（日特）があり、各志望校にターゲットを絞った入試問題の解き方を身につけさせています。

難関校日特では、開成、麻布、武蔵、駒場東邦、慶應普通部、早稲田、桜蔭、女子学院、雙葉、フェリスが対象校になっています。上位校日特では、海城、攻玉社、サレジオ、芝、逗子開成、桐朋、本郷、早大学院、鷗友、学習院女子、吉祥女子、頌栄、洗足学園、立教女学院、渋渋、中大横浜、早実が対象校です。志望校別特別講座は、栄光、聖光、浅野、筑駒、渋幕、明大明治、豊島岡、市川、東邦が対象となっています（２０２３年度）。

塾の勉強との向き合い方

代表的な４つの塾を紹介しましたが、どこの塾でも成績上位の子には手厚く、中堅以下はお客さん状態になってしまいます。成績上位の子は特待で授業料が無料という場合もありますから、その分、しっかりお金を払ってくれるお客さんも必要というわけです。塾としては合格実績を出さなくてはいけないので、しかたがない部分もあります。

こういった状況に不満がある人や、子どもの成績が伸び悩んでいる人は、個別指導塾、個人塾、家庭教師などを併用し始めます。特に小6の後半は入試が近づいてくる焦りから、ますます併用する人が増えます。ますます塾代がかかってしまうわけです。

親がつきっきりで子どもの塾の勉強を管理する人もいますが、これは注意が必要だと私は思っています。もちろん、塾に入ったばかりの時期は子どももどうしたらいいかわからないので、親が宿題の進め方や、間違った問題のやり直しの仕方などを教えてあげたり、勉強のスケジュール表を作ったり、ある程度軌道に乗るまでは見てあげたほうがいいでしょう。

しかし、いつまでも親がべったりくっついて教えていては、自分で進めていけるようになりません。中学に入学した後も、その後の人生も、勉強は自分でしていかなくてはいけないのです。中学受験の勉強で全部親と一緒に問題を解いていたというお子さんが、中学入学後に成績が振るわなくなってしまった、というケースもありました。

前出のカワカミ先生も、

「教育はヤバいと思うくらいに放置しておいたほうがいいんですよ」

と言います。

「あまりに親が手をかけすぎると、中学受験させてもらえるのが当然と思い、それがどれだけ恵まれているのか全然わからないで、親に感謝するどころか、逆にやらされ感だけになってしまいます。反抗期も重なりますから、親子関係がギスギスしてしまうこともあります。『子どもの顔を見るとムカつくので、預かってもらえませんか』と塾に連れてきた親もいました。こうなると受験は誰のためにもなりません」

そして、やはり受験の間も親の声かけが重要だとカワカミ先生は言います。

「できなかった問題を解いて、『今日はできたね。よかったね』というように肯定的に声かけしてフォローしてあげるならいいのですが、『ここ、やってないじゃない、バカじゃないの』みたいなあら探しになってしまうと、よくありません」

そして、それは子どもとの会話の様子に表れるといいます。

「子どもの言うことをさえぎって自分が話してしまうような、子どもの話を聞いていない親はよくありません。子どもの言いたいことに耳を傾け、子どもが言いたいことを全部言えるまで待つべきです。最近は大人と会話できない子が増えています。受け答えの仕方を教えても、黙ってしまう子がいます。わからないことをわからないと言えないのです」

そして、カワカミ先生はこう言います。

「親が与えるものより、子どもが持っているもののほうが大きいのです。将棋の藤井聡太さんのように、すごい才能を育てた親は立派、と思うかもしれませんが、たまたまその子の才能と習いごとが合った、ということですよね。機会を与えるのが教育であり、方向性を決めるものではないと思います。すべてが親の責任ではなく、親が手伝えるのは、ほんの少しの余白の部分なのです」

私も同意見です。持って生まれたものが大きいのです。教育や環境でどうにでも変えられると思うかもしれませんが、あとからできることは小さいのです。

行動遺伝学の日本の第一人者である安藤寿康・慶應義塾大学教授は、著書『生まれが9割の世界をどう生きるか』（SB新書）のなかで、「子育ての影響は少ない」「どの大学に行くかは将来の賃金に影響しない」と書いています。

開成中学校・高等学校の元校長の柳沢幸雄先生も、インタビュー記事で、次のように話しています。

「（教育とは）引き出すものだと考えます。ちょうど繭玉から絹糸を引っぱり出すようなイメージです。あまり早く引き出すと切れてしまうし、あまりゆっくりだと終わらない。繭玉から絹糸を引くにはちょうどいい速度というものがあります。同じように教育は、子どもに内在しているものを、一人ひとりにとってほどよいスピードで引っぱり出すのが基本となります[1]」

子どもが持っているもともとの能力を考慮しないで、やればできる、と子どもに勉強を強要するやり方がエスカレートすると、教育虐待になってしまいます。

極端な例では、親が子どもに勉強させるために刃物をちらつかせ、結局殺害してしまった事件もありました[2]。

親は子どもの人生を導くことができると思っていると、子育てがうまくいかなくなった

[1] 朝日新聞 EduA「開成元校長・柳沢幸雄さんに聞いた「ちゃんと食える大人」に育てる教育法とは」２０２０年９月８日（https://www.asahi.com/edua/article/13690706）。

[2] 文春オンライン「名古屋教育虐待殺人事件「中学受験で父親が息子を刺すに至るまで」」２０１９年７月20日（https://bunshun.jp/articles/-/12934）。

とき大変です。親の自分が悪いのではないかと自分を責めてしまいます。

受験で不合格だった場合だけでなく、子どもが不登校になってしまった場合にもいえます。子どもが悪いのでもなく、親が悪いのでもありません。ありのままの子どもを受け止めて、前向きになることが大事なのです。

それでは、**受験する意味は何かというと、子どもと親が一緒にがんばるという体験を大切なものとして選び取ることです。**

そして、私学に行くということは、その校風や文化が自分の血となり肉となるということです。

詳しくはこの後述べていきます。

第6章

専門家が警鐘！「受験勉強での睡眠不足が将来の不登校を招く」

第5章では塾を紹介しましたが、どこも夜遅くまでやっています。小学生の子どもが10時まで塾にいるとなると、家に着くともう10時30分。一息ついて夜食を食べたり、お風呂に入ったりするとあっという間に12時になってしまいます。

こうした塾通いの小学生の睡眠不足に警鐘を鳴らしているのが、熊本大学名誉教授の三池輝久先生です。

「小学生のうちから夜遅くまで勉強して、睡眠不足が蓄積されると、中学生や高校生になってから、不登校になる可能性があります」

と指摘する三池先生に話を聞きました。

三池輝久（みいけ・てるひさ）
小児科医、小児神経科医。熊本大学名誉教授。日本眠育推進協議会理事長。１９４２年生まれ。熊本大学医学部卒、米国ウエスト・ヴァージニア州立大留学を経て、30年以上にわたり子どもの睡眠障害の臨床および調査・研究活動に力を注ぐ。著書に『子どもの夜ふかし　脳への脅威』『赤ちゃんと体内時計　胎児期から始まる生活習慣病』（以上、集英社新書）、編著に『不登校外来　眠育から不登校病態を理解する』（診断と治療社）がある。

睡眠不足は蓄積される

中学受験と不登校、関係があるのでしょうか？

小5や小6の子どもには8時間半から9時間の睡眠が必要です。しかし、中学受験の勉強をしている子どもは夜遅くまで起きていますから、睡眠時間が明らかに足りていない状態です。

さらに中学進学後も、中学生は7〜8時間の睡眠が必要ですが、勉強や部活に忙しく、さらにスマホやゲームも加わって、ますます睡眠不足は蓄積されます。中高生の7割近くは睡眠時間が6時間以下という調査結果もあり、明らかに睡眠不足です。睡眠不足が蓄積して、限界を超えると、今度は急に10時間以上眠って起きられなくなってしまう「睡眠・覚醒相後退障害（Delayed Sleep-Wake Phase Disorder）」といわれる睡眠障害になってしまいます。これが不登校を引き起こす原因の一つです。

中学受験をする子ども全員がそうなるわけではありませんが、不登校の引き金の一つになりうるのです。

Q 不登校は、子どもが学校に行きたくないという心の問題ではないのですね？

不登校の児童・生徒の多くが、元気だけど学校に行かない選択をしたのではなく、昼夜逆転して朝起きられないという体の異常が起こり、学校に行きたくても行けない状態です。

不登校の生徒の体を検査すると、発汗反応や眼底検査で異常がみられ、糖代謝が低下し、ホルモン分泌や深部体温のリズムも異常をきたしています。通常は夜中の1時から3時に深部体温が低くなることでぐっすり眠れるのですが、それが朝5時から6時くらいにずれているのです。

人間の全身37兆個の細胞には、概日（がいじつ）リズム（サーカディアンリズム）と呼ばれる体内時計があり、朝になったら活発に動き、夜になったら休息して翌日に備える、というリズムで動いています。ホルモンの分泌や体温の変化だけでなく、脳や臓器の一つ一つが時計を持っていて、それぞれが連携して一つの時間に合わせています。

それが、睡眠・覚醒相後退障害になると、なかなか寝つけないのに、いったん眠ると10時間は目が覚めません。しかも、極めて質の悪い睡眠で、起きた直後からだるく、体が動かず、意欲もわかず、疲労がまったく回復されません。睡眠リズムや自律神経に問題が起こり、夜間に起こるはずのメラトニン（眠気を起こして、体温を低下させるホルモン）の分泌が朝方にずれ込み、早朝に見られるはずのコルチゾール（血糖値を上げて、活動できる状態にするホルモン）やβ‐エンドルフィン（快をもたらす脳内神経物質）の分泌が午後にずれています。

これが不登校の子どもたちの体に起こっている状態です。

中学受験で塾通いする子どもたちも、概日リズムに問題が起こる可能性があります。特に注意してもらいたいのが食事の時間です。塾から帰ってきて、遅い時間に夜食を食べるのはよくありません。胃の中に食べ物が入ると、覚醒反応が起きてしまいます。夕飯は塾に行く前か、塾の途中にとり、なるべくいつもと同じ時間にすることが大事です。夜遅い食事は、朝起きられない原因につながります。

睡眠不足の蓄積で、脳の働きと知能が低下する

睡眠不足が続くと脳や体に影響がありますか？

A

夜ふかし・遅寝が続き、体内時計が遅いほうへとシフトして、寝つきの悪さが起こると、朝の起床時刻は変わらないので睡眠欠乏状態になります。すると、睡眠によって保たれていた脳のシナプスや神経細胞の動き（情報処理能力）が低下します。情報処理能力の低下は自律神経機能の中枢でもある脳の視床周辺でも起きるので、覚醒しても不快さが持続したり、日中にも眠気が残ったりするので、イライラしたり、学習への意欲の低下が起きます。

不登校児の脳血流画像検査を行うと、明らかに脳の血流量が少ないことがわかりました。脳代謝異常もみられ、前頭葉を中心に、脳が混乱して、働ける量が減っている状態です。認知機能や記憶力が落ちてしまいます。ＩＱでいえば、15〜20くらい落ちてしまうのです。

逆に、睡眠時間が長い子どもは、記憶をつかさどる脳の海馬が大きいという研究結果[1]があります。睡眠が脳を成長させ、脳の働きをよくすることに大きな貢献をしているのです。

慢性的な睡眠欠乏状態が続くと、エネルギー生産工場であるミトコンドリアの機能を低下させることが知られており、生命力そのものが低下します。持久力がなく疲れやすく、１日の生活が満足に送れなくなってしまいます。結果として、社会生活から離脱せざるを得ない状況です。これが、近年「体内時計混乱」（Chronodisruption）として認識され始めた（かつては小児慢性疲労症候群とされていた）不登校の子どもたちの

1　東北メディカル・バンク機構、瀧靖之教授　第35回日本神経科学大会「記憶にかかわる脳の海馬は、睡眠時間が長い子供のほうが、大きい」２０１２年９月17日（https://www.megabank.tohoku.ac.jp/news/152）

状態だといえます。

なんとなく不調で普通の病院に行っても、特に異常がないといわれたり、せいぜい自律神経失調症や起立性調節障害といわれるくらいで、細かい検査まではしてもらえません。検査をすれば異常は明らかなはずで、深刻な睡眠障害や体内時計混乱（小児慢性疲労症候群）の可能性もあります。しかし、それを知らない医師のほうが多いのが現状です。

平日の睡眠時間は短くても、休日に寝だめをすれば大丈夫ですか？

A

それは貯金的な意味の「寝だめ」ではなく、平日の睡眠不足による負債の「穴埋め」です。寝だめは疲労回復に一役買っている面はありますが、それは概日リズムが狂う原因になります。

夜ふかし・遅寝のがんばりを続けていると、体内時計のリズムに狂いが生じ、睡眠-

覚醒リズム、ホルモン分泌、体温調節、自律神経など重要な生体リズムを混乱させる不健康の土台を作ることになってしまいます。私の研究では、その不健康の土台に次の7つの出来事が1つでも、2つでも上乗せされると、それがきっかけで概日リズム睡眠障害を起こすおそれがあるのです。

① 重圧となる責任を負わされる（クラブ活動のキャプテンや代表になるなど）
② 受験勉強、連日のお稽古、部活動での試合前の休みのないハードな練習
③ 家庭環境の変化（両親の離婚、転職など）
④ 人間関係のトラブル（いじめ、友人関係、家族・親子関係、教師との関係）
⑤ スマートフォン、ゲーム、テレビ、パソコンなどの過剰使用
⑥ 感染症での発熱、消耗
⑦ 交通事故や地震などの自然災害

大人も子どもも社会全体が遅寝になっているのに、学校や会社が始まる時間は昔のままで、現代社会は睡眠欠乏や不登校を助長する社会構造になっています。真面目で

がんばる子ほどこうした睡眠障害になる危険性があるのです。

東大や偏差値の高い学校をもてはやす風潮がありますが、無理をさせて健康を害したり、家族不和になってしまったケースをたくさん見てきました。しかも、それを治すには長い時間が必要になり、進路を左右する10代後半の大切な時間をそれに充てなければなりません。

受験をする人を止めることはできませんが、せめて、睡眠時間を削らないように努力してほしいです。入眠時刻がどうしても夜9時半から10時過ぎになるご家庭では、週に1、2日はご家族全員が夜7時から8時に眠る日を作る、あるいは、昼寝の時間を10分程度取るなどの対策をしていただきたいです。

胎児期のお母さんの夜ふかしが睡眠障害を引き起こす一因に

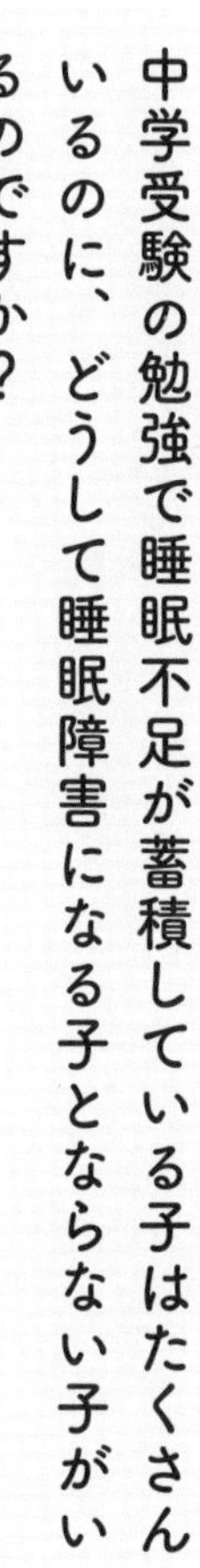

中学受験の勉強で睡眠不足が蓄積している子はたくさんいるのに、どうして睡眠障害になる子とならない子がいるのですか？

睡眠不足が蓄積していて、先ほど挙げた①から⑦までのきっかけがあっても、全員が睡眠障害を起こしたり、不登校になったりするわけではありませんが、なりやすい子の特徴はあります。私がセンター長を務めていた「子どもの睡眠と発達医療センター」（兵庫県立総合リハビリテーションセンター、リハビリテーション中央病院内）（現・子どものリハビリテーション・睡眠・発達医療センター）での研究・調査によって、睡眠障害になった子どもは、乳幼児期から寝つきが悪かった子、夜泣きをしていた子が多かったことがわかりました。

さらに、乳幼児期の寝つきの悪さには、母親の妊娠中の夜ふかしや不規則な食事時間が影響することがわかりました。入眠時刻が午前0時より遅いお母さんから生まれた赤ちゃんは、新生児期から睡眠リズムの不全が現れることが多く、夜泣きや寝つきの悪さがみられました。また、乳幼児期に睡眠に問題があると、発達障害と診断される割合が有意に高いことがわかっています。

脳の働きは胎児期に創られ始めます。胎児期、新生児期、乳幼児期から小中高生に至るまで、睡眠は脳を育てるという大事な役割を果たします。大リーグで活躍する大谷翔平選手が睡眠時間を大事にしていることからもわかるように、将来大きく育つには、睡眠が非常に重要なのです。

私は不登校を予防するために「眠育」を呼びかけています。

福井県のある小学校で行ったプロジェクトでは、年3回の睡眠調査を実施し、個々の児童の睡眠について評価を行い、その結果を保護者に渡して、家庭での生活リズム改善に役立ててもらいました。その後、進学先の中学校で追跡調査をすると、その小学校出身の不登校生徒は明らかに減少して、4年後には不登校生徒がゼロになりました。

小学生の時期の睡眠を大切にすることが、その後の不登校予防になると、証明されたといえます。

脳を発達させ、不登校にならないためには、妊娠中から準備が必要なのですか？

そのとおりです。子どもの脳を十分に発達させるには、妊婦のときから、入眠時刻を早くして睡眠リズムを整え、3食を毎日できるだけ同じ時間にし、夕食は早めの時間にします。すると新生児期の睡眠リズムが整います。新生児期を過ぎて生後3～4か月で、早い子は一晩眠るようになりますから、夜間授乳をやめます。入眠前の授乳もやめると、ぐっすり眠るので、脳が発達し、後々の心身の発達がスムーズになります。夜泣きをするからといって授乳すると、睡眠が分断されてしまうのでよくありません。フランスの赤ちゃんは夜泣きをしないといいますが、フランスでは生後2か月以降は夜間授乳をしないのが普通だからです。

その後の幼児期の起床時間も重要で、10時間睡眠を維持するためには、朝6時に起きるなら夜8時に寝なければなりません。それが遅くなって夜10時に寝ると起きるのは朝8時になってしまいます。私は朝7時半に起きる生活リズムを「遅刻リズム」、8時に起きるリズムを「不登校リズム」と呼んでいます。学校生活が始まっても、睡眠リズムはなかなか変えられません。体調が崩れて不登校にならないために、乳幼児期からの睡眠が大事で、それは中学受験をする小学生の子どもにもいえることなのです。

睡眠を大事にした生活で東大現役合格へ

こうした睡眠の大切さに気づいて、子どもの睡眠を大事にしてきたのが、第1章でも紹介した東大現役合格のマナト君のお母さんです。

「マナトは夜泣きがひどくて、小児睡眠専門の先生のところに1年半くらい通って、睡眠記録をつけたりしていました。なかなか改善しなかったのですが、とにかく睡眠が大事だと思って、小さいときに、幼児向け学習塾だとか、英会話とか、そういったお勉強系の習いごとは絶対にやらせないと決めていました。とにかくたっぷり外遊びをさせて、疲れさせて、早く寝かせることだけに全力をそそぎました」

小学生の頃には、水泳、合気道をやっていたそうで、小5の秋から中学受験の勉強を始めたものの、睡眠時間を削って勉強をやらせるくらいなら、公立中でいいと考えていたといいます。

「勉強しなさいと言ったこともありませんでした。マナトは本好きで自分からよく読んでいたので、それで大丈夫だと思っていました。入塾テストの成績が悪くてもまったく気にしませんでした」

とお母さんは言います。

マナト君自身もこう振り返ります。

「サピックスや日能研にも行ったけど、今の時期からだと入れない、と言われました。小5の秋には理社のカリキュラムがほとんど終わっていたからです。そこで、市進学院に通いましたが、塾に行くのが中学受験のためだと気づかなかったくらいです」

その後、マナト君は無理をせずに自分の実力でトップ合格した埼玉の進学校に通います。ここでも剣道部に入ってのびのび過ごし、塾には行かないで睡眠時間を削らずにいたことで、マナト君の能力はますます伸びたのではないかと考えられます。

高校では物理や数学がおもしろくなって、自分で大学レベルの本を買って、勉強したといいます。大学受験の範囲ではなかったので、受験勉強には直結しない学びでしたが、大学受験でも塾に通わず、学校の勉強だけで、東大に現役合格しました。

「高3の受験勉強中は、学校の自習室で夜9時まで勉強して帰ってくるので、あとはお風呂に入ってなるべく早く寝ようとしました。ただ、お風呂が沸いていなくて、僕がお風呂を洗って沸かして入ることもよくありました。受験生だからって偉ぶるなと親に言われて、そういったお手伝いもしました」

幼いときから早く寝ることを大事にしたからこそ、脳が十分に発達して、能力を最大限に発揮できたといえるでしょう。

受験生だからといって特別扱いしないというご両親の態度も、よかったといえます（受験生ならなんでもやってもらって当然という態度は、親子関係に問題を生じることがあります）。現在は東大大学院で素粒子理論について研究しているということです。

小学校低学年からの睡眠不足の蓄積で不登校に

一方、睡眠を軽視して、がんばりすぎたために不登校になり、睡眠障害になってしまったというのは、ユキさんです。

ユキさんはお兄さんが中学受験をしているのを見て、私立中学に憧れを持ち、小２の冬から早稲アカに通い始めたといいます。

「ユキはがんばりやだったので、小4くらいからは塾の授業が終わった後も、塾がない日も、必ず自習室に行き、塾が閉まる夜10時まで勉強していました。本人がやりたいと言うのでやらせていましたが、今思うとやりすぎだったと思います。明らかに睡眠不足で、自習室で寝ていることもありました。効率が悪かったと思います」

とお母さんは言います。

中学受験で第1志望の慶應中等部、第2志望の雙葉、第3志望の白百合も不合格になり、埼玉の進学校に入学しましたが、睡眠不足はさらに蓄積されることになります。大学受験でリベンジしようと、入学後すぐ、中1から塾に入ったからです。自習室で夜10時まで自習すると、帰宅はいつも11時過ぎです。運動部に入って部活もやって、塾にも通い、目一杯がんばっていたといいます。

「中1からは、エナジードリンクを飲んで無理やり起きて勉強していました。そういった無理な生活が続いたのがよくなかったと思います」

体調がおかしくなり始めたのは、高1のときでした。担任の先生が、とても厳しい先生だったのです。その先生は「こんな問題も解けないようでは、東大に行けないぞ！」などと生徒に厳しく声を上げるというのです。

ユキさんは繊細なタイプで、自分ではなくクラスメイトが怒鳴られているのを聞いただけでも、緊張を強いられ、具合が悪くなってきてしまったのです。

「朝起きられなくなって、ベッドから立ち上がると目の前が真っ暗になると言うので、病院に連れて行くと、起立性調節障害と言われました。薬を飲ませても、起きられるようになりません。心療内科に行くと、今度は自律神経失調症と言われました。だんだん欠席が多くなり、出席日数が足らなくて、あと1日休んだら高2から高3に上がれないというギリギリのところで、コロナによる全国一斉休校になり、高3に上がれました。高3でも休校措置が続いたので、なんとかギリギリ卒業はできましたが、もう勉強ができなくなってしまいました。過眠状態で、1日10～13時間くらい寝るようになり、起きても勉強する気力がないのです」

とユキさんのお母さんは振り返ります。

これは、三池先生が指摘した睡眠・覚醒相後退障害と考えられます。この状態では、まともに受験勉強はできず、結局1浪して、女子大に進学したといいます。

「浪人中もあまり勉強はできていませんでしたが、なんとか大学に合格できました。大学生になってからは環境が変わったためか、少しずつよくなってきています。今のところは大学に通えています」（ユキさんのお母さん）

中学受験後も睡眠に要注意

中学受験で合格し、希望する中学高校に進学しても、睡眠が重要なことには変わりありません。特にスマホやゲーム、テレビなどを制限しないでいると、やはり睡眠障害になり、不登校になってしまいます。

リンタロウ君の例です。

リンタロウ君は中学受験をして、私立の進学校に通っていました。もともと寝つきは悪いほうで、赤ちゃんの頃はなかなか寝ない子だったそうですが、小学校、中学校時代は問題ありませんでした。塾はサピックスに通っていましたが、授業後に先生に質問しないで、すぐに帰って早めに寝ていたそうです。

しかし、高1の後半から休みが多くなり、高2から不登校になってしまいました。

「海外サッカーが好きで、時差があるのに生放送で真夜中の海外のサッカーの試合を見ていたのが、不登校になった原因です。録画して見るように親に言われても、やはり、結果を知ってしまってから見るのはおもしろくありません。生放送にこだわって、夜中1時からとか、3時からとかの試合を見ていました」

とリンタロウ君は言います。

すると、だんだん朝起きられなくなり、サッカーの試合を見なかった日でも、起きられなくなりました。専門の病院に行くと、睡眠時間帯が毎日少しずつ遅れていく「非24時間睡眠・覚醒リズム障害」と言われ、学校に行けなくなり、勉強する気も起きなくなってしまいました。結局、高2から高3に上がれず、通信制課程に移りました。受験勉強がまともにできない状態のまま受験しましたが、なんとか合格できて、大学進学したそうです。

しかし、睡眠障害が治っていないので、結局大学に行けません。退学してしまいました。

「その後、睡眠障害をしっかり治すのに、2年かかりました。今は大学に再入学して、睡眠リズムに気をつけて過ごしています」

ユキさんのように勉強のためでも、リンタロウ君のように趣味のためでも、睡眠をおろそかにして、睡眠障害になってしまうと、それを治すには長い時間がかかります。その時期と大学受験が重なってしまうと、本来の力を発揮できなくなってしまいます。中高生になると、少しくらいの徹夜なら大丈夫、などと甘く見がちですが、注意が必要です。

第7章

10年後に後悔しない志望校の選び方

いい学校とはどんな学校か

わが子が中学受験向きか、高校受験向きか、どちらに向いているか考え、塾も決めて、睡眠時間を削らないように受験勉強をスタートしたら、次はいよいよ志望校を決めていきます。

さまざまな学校の文化祭や体育祭、学校説明会などに参加してみると、学校の校風、先生や生徒の雰囲気がまったく違うことに驚くでしょう。いろいろと参加して、子ども自身が気に入ったところを選ぶのが一番です。

通いやすさや成績との兼ね合いも大事です。第1章で説明したように、入学しても校内で下位の成績になることが目に見えている場合は、避けたほうがいいでしょう。

通学時間があまりに長いと、睡眠時間に影響が出ます。第6章でどれだけ睡眠時間が大切か、おわかりになったと思いますので、通いやすさも考慮に入れるべきでしょう。

そのうえで考えたいのは、いい学校とはどんな学校か、ということです。

私は、学校の教育理念、どんな生徒を育てたいか、という教育目標がしっかりある学校こそ、いい学校だと考えています。それは偏差値や大学合格実績とは関係なく、学校の文化ともいえるものです。

しかし、近年、やたらと偏差値で数値化したり、東大合格者数でランキングしてみたり、レバレッジの高い学校（入口の偏差値が高くないのに、有名大学の合格者数が多い）を数値化してみたり、というようになにかと数値化してランキングする風潮があります。一部の雑誌やインターネット記事などです。こうしたものに惑わされて、学校本来の文化などを軽視してしまっては、後悔する可能性があります。

いい学校とは、偏差値の高い大学に合格させてくれる学校ではなく、子どもが幸せになれるように、そして社会に貢献できる大人になれるように育ててくれる学校なのです。

合格実績だけをアピールする学校には要注意

ここ数年で合格実績が伸びて人気が出ている進学校に通っていたアキヤス君の例です。お母さんが、こう語ります。

「息子のアキヤスが中学受験をして入学したのは、合格実績を伸ばそうと必死になっている学校でした。とにかく勉強、勉強で、厳しく生徒を追い詰める学校でした。

アキヤスは中学受験の燃え尽き症候群になってしまい、中学に入ってからは、あまり勉強しなくなりました。成績はどんどん悪くなり、何度も三者面談になりました。学校からは、『勉強する気がない生徒はいりません。転校してください』と何回も言われました。アキヤス自身も嫌気がさして、遅刻や欠席が増え、不登校気味になりました」

アキヤス君のお父さんは単身赴任中で、お母さんには相談できる人がいません。欠席が重なると、これ以上休むと退学させられるのではと不安に感じ、一人で問題を抱えて、次第に追い詰められていったといいます。

「毎日のように、行く、行かない、で揉めて、疲弊していました。そうすると心が枯渇した状態になり、心にもないことを言ってしまうのです」

お母さんはアキヤス君に「死んだら」とまで言ってしまったというのです。

「それからは、親子関係が悪くなってしまいました。アキヤスは今、大学生になって、アルバイトで塾講師をしていますが、中学生を教えていて、感じたのでしょう。『中学生なんて、あんな小さい子どもなのに、なんであのときオレに、死ね、とか、出ていけ、とか言ったのか』と聞かれました。アキヤスにはごめんね、と謝りました。でも、私もただ学校に行かせようとして一生懸命で、追い詰められて、心無い言葉を発してしまったのです。やり直せるなら、もう一度子育てをやり直したい。そして、それだけは言わないでおきたかった。言葉は消せないのです。今も、アキヤスとは親子関係がいいとはいえません。大学に入学して、自宅から通える範囲なのに、一人暮らしをしたいと出ていきました。本当にせつないです」

合格実績を伸ばすことばかりに力を入れて、ついてこられない生徒は切り捨てる、そういった態度の学校は問題です。こういった学校では、生徒が追い詰められて、体調を崩し、

不登校になる可能性が高いといえます。

アキヤス君が通っていた学校でも、体調を崩す生徒が多く、保健室の先生さえも「この学校はおかしい」と言っていた、というくらいです。

アキヤス君は遅刻や休みが多かったものの、なんとか卒業できたということですが、中1で入学した子の1割もの人数がやめていったということでした。

第6章で紹介したユキさんの学校も、合格実績に力を入れている学校です。「こんな問題も解けないようでは、東大に行けないぞ！」と言っていた先生のクラスでは、約30人のうち、5人も不登校になってしまったということでした。

伝統あるキリスト教系お嬢様校と、理系の進学に力を入れている女子校の両方に合格したある子。自分はお嬢様校のほうに行きたかったのに、医師の父親に理系の女子校に入るように言われて通ったところ、結局、学校の雰囲気と合わずに、不登校になってしまった、というケースもありました。

合格実績をやたらと強調するような学校は要注意です。成績がよければかわいがられるかもしれませんが、成績が悪くなったら躊躇なく切り捨てる、という態度の学校に、大事な子どもを預けられるでしょうか。人生には何が起きるかわかりません。いじめられるなど人間関係で悩むかもしれないし、成績が伸びないかもしれないし、病気になったり事故にあったりするかもしれないし、不登校になってしまうかもしれません。

今は順調に育っていて「うちの子は大丈夫」と思っても、中高生時代に挫折することがないとは言い切れません。

誰にでもありうる「まさかうちの子が」に寄り添ってくれる学校を

実際、今までみてきた不登校になってしまった子のお母さんたちは、「まさかうちの子が」と口をそろえます。

「小学生のときは勉強もスポーツもできて、クラスでもリーダー的存在だったので、まさ

か、うちの子が不登校になるとは、夢にも思いませんでした。不登校なんて、うちとは関係ない、と思っていたのです」（トモヒロ君のお母さん）

「中学ではサッカー部で活躍していて、付き合っている彼女もいて、学年でも目立つほう、モテるほうでした。だから、まさか不登校になるとは思っていませんでした。不登校になるのは、おとなしい子とばかり思っていたのです」（シュンノスケ君のお母さん）

このように、今は大丈夫でも、後々何か問題が起きるかもしれません。そのときに、子どもに寄り添ってくれる学校でないと、アキヤス君親子のように、親も子も追い詰められてしまいます。そのせいで親子関係が悪くなってしまうなんて、元も子もありません。子どもの幸せのために中学受験をするということを、忘れないでください。中学受験の後も幸せに過ごすために、学校選びは大事なのです。

不登校や引きこもりの子どもの支援をしているNPO法人高卒支援会の竹村聡志理事長も、こう話します。

「当会に来る生徒たちの多くは、中学受験をして進学校に入ったものの、進学校特有の厳し過ぎる指導で追い詰められてしまった子たちです。またこの学校の生徒か、と思うような、常連の学校もあります」

こういった生徒を大事にしない学校は、学校の教育理念とか、どういった子に育てたいかとか、そういった内容はあまり言わず（というより、合格実績第一で、教育理念がそもそもないのではないかと感じます）、すぐに合格実績ばかりアピールします。校舎に合格実績が張り出されているところは注意してみたほうがいいでしょう。

ただ単に偏差値の高い大学に行きたいのなら、高卒認定でも取って、塾に通って受験勉強に専念するのが一番効率がいいわけです。文化祭とか体育祭とか、部活とか委員会とか、面倒なものもありませんから。でも、そうではなく、学校に通うということは、その面倒なものすらをも楽しんで、学校の文化に浸って、人格形成をするということなのです。

いい学校は教育理念を大事にしている

本当にいい学校は、合格実績は生徒の努力の結果です、くらいの言い方にとどめていて、そこだけに力を入れていません。生徒と話していても、学校の教育理念、スクールモットーが自然に口をついて出てきます。

たとえば、男子御三家の一つ、武蔵の生徒です。「武蔵生は、やっぱり、自調自考の精神で……」などと、学校の理念が、生徒の血となり肉となっていて、自然に口から出てくるのです。

いい学校は、大学合格などという、近い未来しか見ていないわけではありません。その子の人生において、こういった使命を果たしてほしい、こういった生き方をしてほしい、と何十年も先を見据えて、生徒を育てているのです。大学合格はその通過点でしかないのです。

たとえば、開成でも、東大合格者数全国1位を長年維持し続けていますが、それは本来の目的ではありません。

2021年の創立150周年記念によせたメッセージで、丹呉泰健学園長（当時）は、こう話しています。

「現在の開成学園は全国的には大学の進学校として名をとどろかせております。しかしながら、大学進学は大変大事なことではありますが、開成学園の教育の目的は大学の進学ではありません。まずは生徒諸君が開成学園で充実した学生生活を送るとともに、開成の名前の由来である開物成務の精神、物を開き務めを成す、という、人それぞれの能力を開発し、社会的に有用なことを行うという精神を中心に、自主自律、質実剛健、ペンは剣より強し、という伝統の精神を学び体得し、社会でその力を十分発揮していただくことです」

（ホームページ掲載の動画より一部抜粋）

いろいろな学校を取材してきましたが、教育理念やスクールモットーを大事にしている学校は、生徒も大事にしていると感じます。

大学合格だけを考えている学校では、成績が下がったら、もうその生徒に用はありません。逆に進学率が下がるから、やめてほしいのかもしれません。

しかし、いい学校は、教育理念をその子の人生をかけて達成してもらおうと考えています。少しくらいの挫折があっても大丈夫、それを乗り越えて、その子に与えられた能力を発揮して、世の中のために役立ててもらいたい、というように考えています。

学校にもよりますが、キリスト教系の学校は、それが顕著に表れている傾向にあります。キリスト教の精神にのっとった教育をしているので、一人一人を大切にしてくれる感じがあります。

一方、仏教系の学校は、昨今、宗教というとアレルギー反応を起こす人もいるので、仏教系の学校であることをあまりアピールしていない印象です。

のびのび育って一生の仲間ができる男子校

このところ共学校が人気ですが、最近は男子校、女子校のよさもまた見直されてきています。

男子校は、精神的に幼い子、オタク系の趣味を持つ子には、特におすすめです。小5から中学高校くらいの年代では、圧倒的に女子のほうが精神的に大人です。共学では人数が男女半々だと、男子は肩身がせまくなってしまいます（これを防ぐために、共学でも男子の人数を多く設定している学校はたくさんあります）。鉄道好きやアニメ好きの場合、女子に「キモイ」と言われることもあるかもしれません。でも、男子校なら、そんな女子の目を気にせず、のびのびと学校生活を送れます。

なにより、男だけなので、女子と付き合うとか付き合わないとか、そういったことに時間を割くこともなく、6年間男だけで群れて、気心の知れた仲間になります。その絆は強く、一生の友人になります。いい仲間がいるのは、人生の宝です。

ノブキ君は6年間、男子校で過ごしました。アニメやゲームが好きでしたが、同じ趣味の友だちも多くいて、バカにされることもありません。いわゆる「陰キャ」タイプですが、「陽キャ」グループにバカにされることもなく、共存している感じだったといいます。

ノブキ君のお母さんは言います。

「本当にのびのびと楽しく6年間過ごせたと思います。卒業式の日には、『あんなに楽しい時間はもう人生でないと思う。もう1回最初からやり直したい』と泣いていました。よっぽど楽しかったんだと思います。大学生になってからも、中高の仲間たちとよくつるんでいます。一生の友だちだと思いますから、親が亡くなっても、たくさんの仲間たちがいるから、ノブキは大丈夫だな、と安心しています」

取材をしていても、「男子校で一生の仲間ができてよかった」という声はよく聞きます。大学受験を目指して、仲間と切磋琢磨して大学合格できた、という話も聞きます。部活動や、文化祭、体育祭にも目一杯力を注いで青春する子たちもいます。それぞれ、自分の好きなこと、得意なことに打ち込める環境が整っています。学校によって校風はさまざまですが、いずれにしても、6年間楽しかったという卒業生が多いです。

自立した女性に育つ女子校

女子校も同じように6年間でいい友だちができた、という人が多いです。男子の目を気にしないで、のびのびと過ごせます。ちょっとお行儀が悪いですが、暑いときにスカートをバタバタと仰いだり、早弁をしたり、男子がいたら絶対にやらないようなことも、平気でできます。その一方、礼法やマナーに力を入れている女子校は多いので、外ではしっかり振る舞えるように育ててくれます。

文化祭や体育祭などあらゆる場面で男子がいませんから、リーダーシップをとるのはすべて女子です。生徒会長も女子です。これが共学だと、たいていの場合、会長が男子で副会長が女子になってしまいます。大人社会の男女格差が学校内で再生されてしまうのです。リーダーシップをとる経験は、今後の女性が進出する社会のなかで重要です。そういった経験があれば、女性でも部長や役員など、上の地位に就くことに抵抗がなくなるでしょう。日常的にも男子に頼ろうという感覚がありませんから、なんでも自分でやろうとします。

文化祭ではベニヤ板をのこぎりで切って門を作るとか、そういったことをやっていますから、大人になっても男性顔負けの仕事ぶりを発揮します。

女子校育ちの女性はこう話します。

「共学出身の友だちに、家の照明の電球を取り換えたという話をしたら、『えーっ、なんで自分でやるの？　男の人がやるものでしょう、なんでダンナさんにやらせないの？』と言われてびっくりしました。なんでも自分でやるのが普通で、男女別にやることが分かれているなんて思いもよりませんでした。なんなら、車の運転も私で、夫は助手席に座っています」（そのぶん、男性が料理や掃除などをやってくれているといいのですが……。）

女子校イコールお嬢様校、という図式を思い浮かべる人が多いようですが、女子校のほうが男性に頼らずにたくましく生きる力を育んでいるといえます。

また、**女子校のほうが理系に進む生徒の割合が高い**です。共学だと世間一般の「男子は理系に強くて、女子は文系に強い」という刷り込みがあって、女子が文系に進む割合が高くなりがちです。しかし、女子校では男子と比べることをしませんから、理系の学部に進む生徒がとても多いです。半数以上が理系の学部に進むという女子校がいくつもあります。女子校もそういったニーズに応えて、理系に力を入れている学校が増えています。

共学と女子校、同じくらいの偏差値で、同じ大学にほぼ同数の合格者がいたとしても、よく調べると、共学では合格者がほぼ男子で占められているということもあります。男子を意識して力を発揮しづらいこともあるのです。実力はあるのに、私は○○君ほどできるわけがない、と謙遜しすぎて、発揮できないのです。

こうみてくると、**女子校はのびのびとできて、持っている力を十分に発揮できる環境にあるといえます。**愛校心がある人も多く、同窓会も盛り上がるそうです。

ただ、男子校より女子校のほうが人間関係は複雑なようで、子どもによっては合わない場合もあります。学力的に高い女子校では、みな精神的に大人なので、いじめなどはほとんどみられないようですが、「○○ちゃんがいつも私の真似をしてくるのが嫌だった」というのが、不登校になってしまった理由の一つ、というケースが、私が取材してきたなかで2件ありました。

女子校か共学か、子どもの性格を考えながら、合うかどうかのヒントにしてもらえればと思います。

青春を実感できる共学

共学のよさは、なんといっても、異性と話すのに慣れることです。男子校出身者、女子校出身者ともに、大学に入ると、「異性とどうやって接していいかわからない」となってしまいます。共学なら自然に異性と関係性を作ることができます。

また、男子も女子もよく異性を観察していますから、大人になってから、異性にだまされる、ということも少ないでしょう。

異性の友人、彼氏や彼女から、いろいろな刺激をもらって、がんばることができたということもあるでしょう。彼氏彼女で励まし合って大学受験を目指し、2人一緒に東大合格できたというケースや、彼氏が医学部に、彼女が歯学部にそれぞれ合格できたというケースがありました。

共学だと体育祭や文化祭などで大いに盛り上がります。まさに青春です。学校生活を存分に楽しめます。同じ学校でも男子と女子のカップルが多く成立している代だと、特に盛り上がっている感じがします。

クラスのレベルの上下がある学校は要注意

よく、東大クラス、難関大クラス……などというように、入学時の学力別にクラス編成している学校がありますが、これはあまりよいとはいえません。

上のクラスの生徒たちは下のクラスの生徒をバカにする言動をとることがあります。「○○クラスのヤツらはやべえよ」なんて言ったりします。一方、下のクラスの生徒たちは、上のクラスの生徒を「ガリ勉で、マジ、つまんねーヤツばっか」などと言ったりします。同じクラスで一緒に学んでいれば普通に、あの子は頭がいい、あの子はこんな個性がある、というように肯定的な見方ができるのに、別のクラスに分けられて集団になると、途端に

敵対に近い感情が出てきます。双方にとってよくないことです。

一般クラス（仮称）で入学して、成績が上がり、途中から先進クラス（仮称）に変わったケント君のお母さんもこう話します。

「一般クラスと先進クラスには深い溝がありました。今までの友達がいなくなるので、かなりつらかったと思います。たまたま同じように途中から先進クラスに入った子と仲よくなったので、一緒に勉強して東大に合格できましたが」

卒業して何年か経っても、こうした敵対感情を払拭できていない子もいます。ケント君とは別の子は、

「一般クラスは治安悪いでしょ。いじめとかもあるし。先進クラスはそういうのないから」

と話していました。

一般クラスの友だちもいるのに、全体となると、そうやって低くカテゴライズした見方をするのです。

ダイバーシティの重要性がいわれているのに、クラスを成績別に編成することで、ダイ

バーシティに逆行してしまっています。

「とりあえず早慶」の罠

取材をしていると、早慶を目指していたと話す生徒がとても多いです。

「中学受験の受験勉強をしていると、また大学受験でこれをやるのか、とうんざりします。できれば1回で済ませたいと思って、早慶を目指していました」（ダイキ君）

という理由が多いです。大学受験をしなくて済んで、私大でトップとなると、早慶を目指すという気持ちもわかります。

また、御三家は無理でも、早慶ならがんばればなんとかなるんじゃないか、と思うようです。特に男子です。御三家から東大は難しそうだけど、東大と比べて遜色ない早慶に中学から行けるならいいんじゃないか、と思うわけです（女子は、慶應中等部は50人、早実は40人と募集人数が少ないので、御三家と同じレベル感です）。

しかし、そんなに甘くありません。難しいことに変わりはないのに、なぜか、早慶ならなんとか行けると思いがちです。

中学受験で受からなかったら、また大学受験で受けようと思うのですが、そこが罠ともいえます。

カツノリ君の例です。

「中学受験では、第1志望の早稲田中に落ちましたが、第2志望のGMARCH付属校に合格しました。でも、『やっぱり早稲田に行きたい』と思い、第2志望を蹴って、滑り止めの進学校に行きました。大学受験でリベンジして、早慶を目指そうと思ったのです」

しかし、思ったようにはいきませんでした。大学受験では、早慶は東大レベルの生徒の併願校になりますし、中学受験や高校受験と違って、全国から受験生が来ます。現役のときは早慶に受からずに浪人しました。1浪しても結局早慶には合格できず、中学受験のときに受かったのとは別のGMARCHの一つに合格して進学しました。

「結局GMARCHだったら、中学受験でそのまま行っとけばよかったじゃん、何やってんだ、オレ、と思いました」

でも、後悔はしていないそうです。進学校の6年間でいい仲間と出会えたことが、何よりもよかったと思っているといいます。でも、

「中学受験をして、中高一貫校で過ごせたのはよかったけど、学校選びを間違えたとは思います」

と言っています。

第4章で出てきたシュンノスケ君のお母さんも、

「中学受験で早慶にこだわらなければよかった」

と言います。

「早慶に行ければ、大学受験がなくていいと思って、慶應普通部と早稲田中を受けました。不合格になってしまった場合を考えて、シュンノスケにGMARCH付属校も受けたらどうかと勧めました。しかし、シュンノスケ本人は『中学受験で早慶に合格できなかったら、進学校に行って、大学受験で受けるからいい』と言って、受けませんでした。受ければ合格できる力はあったのに、受けなかったのです」

しかし、シュンノスケ君はその後不登校になってしまいます。勉強をしなくなって、通

信制高校に転校し、ほとんど勉強しないまま大学受験をして、日東駒専に合格しました。進学しても朝起きられない状態が続いて、1年休学し、体調を治してから再入学し、今は4年生で就職も決まったといいます。

「今となっては、就職もできたから別にいいのですが、もし、あのとき、早慶にこだわらないでGMARCH付属校を受験していれば、付属校で大学受験のプレッシャーもないから、のびのびとして不登校にならなかったかもしれません。ほぼノー勉で日東駒専に合格できるほど〝地頭〟はいいのに、実力を思うように発揮できなくて、もったいなかったと思います」

早稲田系列の学校も慶應系列の学校も、どちらもいい学校です。中学からでも高校からでも大学からでも、行けるならそれはすばらしいです。

ただ、それにこだわりすぎないほうがいい場合もあるのです。カツノリ君やシュンノスケ君のように、遠回りをしてしまったり、かえって低いランクの学校になってしまうこともあります。そのときの実力に合った学校でがんばればいいのではないでしょうか。

また、お父さんが東大、京大など優秀な場合も、

「お父さんが優秀なんだから、早慶くらいは大丈夫でしょう」

と甘く考えがちです。

シュンノスケ君のお母さんも、

「夫は東大なので、シュンノスケが東大にもし行けなかったとしても、早慶くらいは行けると思っていました」

と言います。

トモヒロ君のお母さんも、

「夫は地方の国立大卒で、仕事も広告代理店でバリバリやっていました。とてもできる人だから、トモヒロも早慶くらいは行けるだろうとなんとなく考えていました」

と言います。しかし、不登校になってしまって、今はどんなところでもいいから、毎日通うようになってほしいと話しています。


取材をしていると、不登校になってしまった子どもの親（特にお父さん）が、東大や京大を卒業しているようなエリートであることがとても多いです。

自分の子だから勉強ができるだろうと思い、「とりあえず早慶」を目指すのです。塾に通ってみて、すごくできれば御三家を志望校にしてもいいけど、とりあえず、早慶ならいいでしょう、と思うわけです。

しかし、親と子どもは別の存在です。親と同じというわけにはいきません。自分の過去を振り返って「お父さん（お母さん）は、子どもの頃はいつもオール5だったけどな〜」など、軽く言ってしまいがちですが、子どもにとっては、大きなプレッシャーになります。のびのびと挑戦できず、失敗したらどうしよう、と及び腰になってしまいます。失敗するのが嫌だから、最初からやらない、となってしまうこともあります。

さらに、**お父さんが高学歴の場合、お母さんがコンプレックスから、子どもに必要以上に勉強させようとする傾向があります。**

シュンノスケ君のお母さんも、

「夫の家系は代々東大でした。そうなると、周りに言われなくても、子どもを東大に入れないといけないというプレッシャーがありました。もし、できが悪かったら、お母さんに似た、と思われるに決まっています。だから、子どもにいい成績を取らせようと必死でした。それがよくなかったと思っています」

と不登校になってしまった理由を語ります。

そもそも、第5章でも紹介した安藤寿康教授の著書によると、行動遺伝学では、「平均への回帰」という統計的な現象がみられるそうです。

つまり、両親ともに知能が平均よりもずっと高かった場合、子どもの知能の平均は両親の中間よりも、集団全体の平均に近づく確率が高くなります。逆の場合（両親ともに知能が低い場合）でも、同様に集団の平均に近づく確率が高くなります。

こうした現実を頭の隅に入れておくと、「お父さんお母さんは勉強できたのに、なんであなたは勉強できないの」などという暴言を吐くことも予防できるでしょう。シュンノスケ君のお母さんのように「私に似たと言われてしまう」と焦ることもなくなるのではないでしょうか。

こうみると、「とりあえず早慶」と、多くの人が軽く考えがちですが、実際は相当難しいことを覚悟しておく必要があります。

第4章で紹介したように、男子で早慶に入りたいなら、高校受験のほうが圧倒的に門戸は広いといえます。

ただ、前出の塾のカワカミ先生は、

「早慶へ入るのは高校が一番ラクではあるけど、甘くはありません。大学受験相当の勉強を3年早くやる感じです。大学受験よりは簡単ではありますが、他の高校の比ではありません」

と言います。

受験監獄系の学校に合う子、合わない子

最近は、受験指導に熱心すぎる進学校が「受験監獄」とか「受験刑務所」と呼ばれることもあります。

大学のほうでも、こういった学校から入ってくる子は燃え尽き症候群のようになってしまっていて、あまり伸びない、と言うこともあります。

しかし、第1章で紹介したダイキ君のように、そういった受験指導に熱心な学校でも、のびのびと楽しくやって、しかも東大現役合格といった、理想の進路がかなう場合もあります。

こういった受験監獄系の学校でもうまくやっていける子は、次のようなタイプです。

- 成績がその学校のなかで上位である
- 明るくポジティブ
- 元気で体力がある
- コミュニケーション力が高く、先生といい関係が築ける
- 素直で努力家

厳しい受験指導でも、先生といい関係を築いて面倒見よく指導してもらい、地道に努力できる子なら、いい方向にいくことでしょう。挫折しないで、目指す大学に合格できそうです。

一方、次のようなタイプは向いていません。

■成績がその学校のなかで下位である
■自分の芯があり、他人（親や先生）の言うことは聞かないタイプ
■繊細、デリケート
■体力があまりない、疲れやすい

こういうタイプだと、緊張感が続くことに体が耐えられずに、何かしらの不調が出てくる可能性があります。また、自分のやり方を貫きたいタイプの子は先生の言うことに従わないので、自由な校風の学校に通いながら自分なりに塾などで勉強するほうがいいでしょう。また、真面目でちゃんとやるタイプなら、1ランクか2ランク下の学校で、そのなかのトップになって指定校推薦などを利用したほうが、受験のプレッシャーも少なくてよいと思います。

ＩＢ、海外大進学支援、探究など、さまざまな取り組みをしている学校

先生自ら、新しい取り組みに挑戦している学校はよい学校だと思います。ＩＢ（国際バカロレア）を導入していたり、海外大進学への取り組みをしていたり、ＳＤＧｓ、探究活動、模擬国連や科学オリンピック、部活動でもさまざまなコンテストに挑戦したり、それぞれ取り組んでいる内容はどれもすばらしいです。

こういった学校では、先生が挑戦している姿、先輩たちが挑戦する姿に影響されますから、子どもも挑戦しようという気持ちになります。

挑戦をしている先生を尊敬できますから、先生が言うことを「ウザい」とか「うるさい」とか思うことはありません。先生の言葉から学ぼう、自分もがんばろうという気持ちになります。

ただ、過剰な期待はしないほうがいいかもしれません。

いろいろな学校を取材していますが、そのときに学校側が取材させる生徒として選ぶのは、学校内でも顕著な活躍をした生徒数名です。全員がそうなるわけではありません。それでも、記事では生徒がめざましい活躍をしているとして、紹介します。記事だけ読めば、みんながそうなるんじゃないかと勘違いしそうですが、それはほんの一握りの生徒だけです。300人生徒がいても、そのなかの1人か2人が紹介されているわけで、ほとんどの子はそこまでの活躍ができる生徒ではないわけです。

あるとき、A中高を取材して、あまりのすばらしさに感動したことがありました。たまたま友人のお子さんがA中に進学していたので、「すごい学校だね」と声をかけると、「そうかな。うちの子は全然すごいって感じないけど」と言っていました。謙遜もあるかもしれませんが、いい学校であるとは思っているけど、お母さん自身は、自分の子はそんなふうに思えていなかったようです。

ノブキ君のお母さんもこう言います。

「海外研修などに力を入れている学校だったので、ノブキも短期留学や長期留学などに行ってくれるかと楽しみにしていたのですが、希望者のみで、英語嫌いも手伝って、まったく関心を持ちませんでした。部活動では先輩たちが世界大会などに行くほどの活躍をしていたので、うちの子も高2高3になったら世界大会に行くのかな、と期待していましたが、ノブキの代は全然ダメでした」

そういうめざましい活躍をしている生徒が校内、クラス内にいて、刺激を受けることもある、程度に思っていたほうがいいでしょう。もちろん、それに刺激を受けて、自らいろいろな挑戦をしてくれる子になったら、それはそれでうれしいことです。

校長先生の姿勢も学校を見るポイントになると思います。

校長先生が生徒全員と面談をしている学校もあります。そのような学校はちゃんと先生が自分を見てくれていると感じますから、やる気も出て自己効力感も高まります。

一方、校長先生といっても、ほとんど学校にいない、生徒の顔も名前も知らない、というケースもあります。教頭先生以下、ほかの先生が見てくれているのかもしれませんが、そういった姿勢は、子どもが大人に期待しない態度や自己効力感の低さにつながる可能性があります。

第8章

「受験してよかった」のホンネ

私学の卒業生たちが得たものとは

ここまでいろいろな中学受験の経験者の話を紹介してきましたが、ほとんどの人が、

「中学受験をしてよかった」

と言います。

中学受験に成功した人だけでなく、失敗した人も、また、その後に不登校になってしまった人でも、「よかった」と言います。なぜでしょうか。

失敗したからこそ大学受験に打ち込めた

中学受験に失敗したダイキ君はこう言います。

「中学受験では失敗してよかったです。あのまま早慶付属校に受かってしまったら、あれほど一つのこと（勉強）に打ち込む経験はできなかったと思います。勉強したのに結果が出ない、という人がいますが、そういう人はそもそも勉強をそれほどやってないんです。なぜなら、ちゃんと勉強していれば、答えは教科書のここに書いてあるじゃん、っていうのがわかるんです。それがわかれば、結果が伴ってきます。ちゃんと答案に出せれば自信になるし、勉強したら結果になるという経験ができれば、おもしろくなってきます。あとはやれば点数が出るから、ゲーム感覚みたいになります」

東大に現役合格したダイキ君ですが、ダイキ君は、

「大学に行くことがすべてとは思っていません。ただ学歴とは、何か一つのことに打ち込んできたことの証の一つだと思います。打ち込めるものは、スポーツでも、ピアノでも、ギターでもなんでもいいんです。ただ、僕の場合は勉強だっただけで、それが東大という学歴になった、というだけの話です」

と言います。そのうえで、中学受験について、

「大学に行かなくてもいいけど、でも、大学を選択肢とするなら、高校生までには、受験勉強というレールに乗らなければなりません。その前に、中学受験で親と一緒に自分から

受験というレールに乗るという経験ができたからこそ、そのあとも自分でレールに乗れたんだと思います。中学受験の経験が生きたのです」

と話します。

「そして、何より、6年間で一生の友だちに恵まれたのがよかったです。1年J組のあのメンバーと出会わなかったら、今の僕はないと思っています」

私学ならではの先生の質で、大学での学問の道を開かせてくれた

自分の実力に見合った進学校に進み、ずっとトップをキープしていたマナト君。現在、東大大学院で素粒子理論を研究している彼は、中学受験をこう振り返ります。

「中学受験は、やっぱりしてよかったです。進学した学校でいい友だちに恵まれたからです。それと、やはり授業がおもしろかったのが大きかったです。中学まではそうでもなかったんですけど、高校になったら、明らかに先生の質が変わったと思いました。僕は理系な

んですけど、現代文もおもしろくて、そこから興味が出て、ウィトゲンシュタインとかの哲学書を読み漁りました。物理の授業から興味を持って、相対性理論や量子力学の本を読んだりもしました。数学の授業でも大学レベルの数学基礎論に興味が出て、本を読みました。友だちと雑誌『大学への数学』(東京出版)のコンテスト問題を一緒に解いて、解答を雑誌社に送ったりするのも楽しかったですね。欲を言えば、もうちょっと切磋琢磨できる環境があったらよかったと思います。物足りなさは若干ありました。受験じゃなくて、大学以降の学問の話をしてくれる人がいたらもっとよかったです」

私学だからこそのレベルの高い授業が、学問の道を開いたようです。マナト君は模試で東大合格確率がいつも80%だったそうで、数学に関してはほぼ独学だったといい、余裕で合格できたようです。

同じ進学校から長男のケント君を東大に、長女のエリカさんを医学部に入れたお母さんも、先生の質が公立に比べてよかったと話します。

「ケントが入学したのは、先進クラス(仮称)という新しいコースができたばかりの年だったので、熱意のある優秀な先生がたくさんいました。恩師に出会えたからこそ、東大に合格できたと思っています。エリカは高2から医学部クラス（仮称）に進みました。このクラスでは、学校も毎年試行錯誤しながら、学年ごとに違うやり方をしていました。塾に通うことなく、医学部向けの小論文対策、面接対策をしてもらえたのは、ありがたかったです」

新しい取り組みを熱心にしている学校だからこそ、優秀で熱意のある先生が集まり、指導してもらえたといえます。第1志望に合格できなくても、失敗と思わずに前向きにとらえ、進学先の学校で自分に合う先生にめぐり会えたからこそ、大学受験も成功できたのです。

6年間でできる一生の仲間

ダイキ君や、第7章で出てきたノブキ君、カツノリ君など、多くの子が6年間で一生の仲間ができたことが、一番よかったことだと話します。現役で大学合格した子も、エスカレーターで系列の大学に行った子も、浪人して大学合格した子も、みな、同じように口を

そろえます。楽しかったことがよくわかります。

ただ、不登校になってしまったシュンノスケ君でさえも、

「中学受験してよかった」

と言うのです。なぜでしょうか。

「体調を崩して不登校になってしまったのは、無理やり母親に中学受験をさせられたせいだと思って、中学受験をやらなければよかったと、高校時代は思っていました。でも、不登校でなかなか通えなかった期間も、卒業後に大学を休学していた期間も、ずっと仲間として自分を支えてくれたのは、中高6年間の友だちでした。

少し大人になってからは、母親がなぜ中学受験をさせたのか、その気持ちもわかると思うようになりました。

中学受験で入学した学校なら、育ってきた環境や能力、考え方など、ある程度、自分と同じような子がいっぱいいるわけです。だからこそ、すごく仲よくなれるし、一生付き合える友だちになるというのはあると思います」

不登校になっても、中学受験は失敗ではなかった

不登校になっても、中学受験が自分自身を鍛えたことには変わりないと感じている人もいます。

第４章で出てきた、部屋にバリケードを作って引きこもっていたカズタカ君は、今、こう振り返ります。

「父親には小学生のときに塾の勉強のことで殴られたりしたので、それはやりすぎだったと思うけど、中学で不登校になって以降は、いい父親でした。オレみたいな、あんな甘えたガキには厳しくやらないといけない。オヤジは何も間違っていなかったと思いますね」

と言います。また、公務員試験の数的処理の問題は、中学受験の算数と似たところがあるので、有利だったといいます。

「そのときに力をつけられたから、中学受験は失敗ではなかったと思いますね。ただ仮に、自分の子どもができたら、やらせないです。小学生で本気でいい中学に行きたいと思っている子なんていないと思います。親に言われてやっているだけです。そうなると、中学で嫌なことがあったら、親のせいにするだけです」

私立の本当のよさがわかるのは、ずっと後になってから

これまで見てきたように、中学受験してよかったと思う理由、私立に行ってよかったと思う理由は、さまざまですが、

- 一生の友だちができる
- 私立ならではの質の高い授業、いい先生がいる
- 自分が鍛えられる（中学受験、大学受験、大学以降の学問やキャリアにつながる）

という点にまとめられます。

ただ、それは卒業したばかりの10代後半か、20代くらいの人の思いです。これが30代、40代、50代、60代となり、年を経れば経るほど、学校の文化や理念が、自分の血となり肉となっていることが、私立に行ってよかったことだと感じてきます。

30代の広告代理店に勤める男性です。立教新座中、立教新座高を経て、立教大を卒業しています。立教学院は系列の小学校、中学校、高校、大学を通して、キリスト教に基づいた教育をし、「真理を探究する力」「共に生きる力」を共通の教育テーマとしています。

10年間立教で学んだ彼は、今、こう実感していると言います。

「当時は、へえ、礼拝があるのか、聖書の授業があるのか、という程度で、特に意識はしていなかったですね。聖書については、教えというより、物語のような一大ストーリーのように感じていました。印象に残っているのは、『だれかがあなたの右の頬を打つなら、左の頬をも向けなさい』（マタイによる福音書5章39節）という聖書の言葉です。自分のなかにない価値観だったから、衝撃でした。

10年間そういった雰囲気の中で育って、知らず知らずのうちに、奉仕の精神というか、相手を思いやる気持ちが身についていたんだと思います。社会人で仕事をしていると常に相手がいるわけで、気がつくと常に相手のことを優先して考えています。私より公を考えているんですね。他の学校に行っていたら、そうならなかったかもしれないと思います」

この男性は、仕事でたまたまいろいろな私立中高を担当することになり、それぞれの学校に行ってみて、初めて、「自分が受けてきた教育はよかったんだな」としみじみ気づいたといいます。

「立教大学校歌『栄光の立教』の歌詞にあるように、立教は自由の学府といわれるけど、本当に自由だったんです。特に高校では校則はほぼなくて、当時は私服登校でもよかったし、ピアスや髪の色も自由でした（現在ではわかりませんが）。仕事でほかの学校に行くと、みんな制服を着ているし、学校によっては、行動手帳とか生活計画表みたいなものがあって、こんなに学校が生徒をコントロールするのかと驚きました。それを知ったからこそ、うちの学校って自由だったんだ、としみじみ感じました。

自由だけど、社会から逸脱するようなことは、みんなしないんです。自由だけど締めるところは締める、その匙加減をわかっているんです。自由の裏には責任がある、自由と責任は表裏一体だということを学んでいたと思います」

さらに、男性はこう語ります。

「そういう学校文化のよさは、通っていた当時はわからなかったですね。20代でもあまり感じていなかったです。30代になって、たまたま学校関係の仕事をしたので、しみじみ感じるようになりました。今でもまだ気づいていないのかもしれないけど、自分のなかに、中高6年間で学んだ教えが根底にある気がしています。公立ではこういう経験はできなかったと思うので、母校はもちろん、受験をさせてくれた両親に感謝ですね」

50代の女性も、

「都会の喧騒から離れたミッションスクールだからこそ醸成された空気感、カルチャーが、今の私を作ったと感じています」

と話します。

彼女は浦和明の星女子高（当時は高校のみで、中学は設立されていませんでした）に通い、留学を経て東京外国語大学を卒業し、外資系証券会社などで25年キャリアを積んだ後、現在はスタートアップや上場会社の役員を務めています。

浦和明の星はキリスト教に基づいた教育をしている学校です。校訓「正・浄・和」、「Be your best and truest self.」（最善のあなたでありなさい。そして最も真実なあなたでありなさい。）というスクールモットーがあり、よりわかりやすく「ほんとうの私を生きる」といっています。ホームページでは、校長先生がこれについて説明しています。

「『ほんとうの私を生きる』とは、しばしば『自己実現』という言葉で表現され、自分を他の人と比較し、競争に勝って、ナンバーワンの自分になることだと考えてしまうことがあると思いますが、そのような『自己実現』を目指すことではありません。『私の生きる意味』を実現していこうとするものなのです。私の使命の実現と言ってもよいかもしれませんし、それは生涯に亘っての課題となるのでしょう。この大きな課題の実現に向かって、ふたつの精神を大事にしています。ひとつは、『自分のありのまま』を受け入れ、自分を大切にするということ、もうひとつは『みんな』を受け入れ、みんなで仲良くするということです」（一部抜粋、要約）

彼女は今になって、こう感じていると言います。

「明の星の友だちは、みんなそれぞれ自己肯定感が強いと思います。人を妬んだり、足を引っ張ったりするカルチャーがほぼなく、みんな自分と同様に他人を受け入れる心が培われている人が多いように感じます。私も明の星に入って、受け入れられた気持ちを持てたからこそ、他人を受け入れるための大事なベースを培ったような気がします。そしてやはり忘れてはならないのが、キリスト教の精神だったと思います。現在の私の仕事とは少し離れますが、自分のパッションの方向性は、やはり、国際貢献や環境問題にあるのです。これは明の星時代に培ったものが大きいと感じています」

最近、同窓会があったそうですが、出席率が高く、みな愛校心があふれているのを感じたといいます。そして、みんながそれぞれに「ほんとうの私」を目指して生きてきたのを感じたということです。

60代の開成出身の男性も、こう語ります。

「入学して50年経つんだけど、今も、教育理念の『開物成務』（人間性を開拓、啓発し、人としての務めを成す、という意味）が自分のよりどころになっていると思うよね。今もまだその道の途中だね。一生涯、それを追求しないといけないと思ってる」

男性は中学高校の6年間を開成で過ごし、慶應大卒業後、有名企業に勤務し、今は再雇用で働いています。50年経った今でも、開成の仲間とは、一緒にゴルフに行ったり飲みに行ったりしていると言います。

「6年間、男ばっかりの世界で楽しかったねー。開成といえば、体育祭が伝統なんだよね。

中1から高3まで、縦割りで赤組、青組、とかに分かれて闘うんだけど、高2と高3はクラスが変わらないの。開成出身の人に会うとだいたい、高2高3で何組だったか、という話から始まるんだよ。僕は4組で緑組だった。

中学は1学年300人いて、高校から100人入ってくるんだけど、成績上位の20人くらいはとんでもないヤツら。東大医学部行って、医学部の名誉教授になったヤツとか、役人のトップ、長官とか、すごいヤツがいっぱいいて。下位20～30人くらいも、メンバーがほぼ変わらないんだけど、その中間層は、勉強すると上に上がるんだけど、しないと下がる。僕もその間をぐるぐる回ってたね。でも、結構ガリ勉はいなくて、全然画一的じゃない。開成卒業して大学行かなかったヤツも何人かいるし。そのうちの一人は世界的に有名な競馬調教師になったしね。いろんな人がいる。

とにかく自由だったね。開成の先生は、教育指導要領とかに全然縛られない。高2までは教えるけど、高3は自分でやれよ、って感じで。勉強特訓みたいなのは全然ないし。それが心地よかった。

男子校っていうのが大きくて、自分をさらけ出せるんだよね。中1のときには水泳学校っていって、千葉でふんどしの締め方から教わるの。締めが弱いと、ふんどしが流されちゃう。うちは白ふん、巣鴨は赤ふんだったよね。

男ばっかりだから、発散の仕方もすごい。休み時間はパニックアワーって呼ばれてて、隣のクラスの机と椅子を全部倒しに行くの。すると、次の休み時間に仕返しされるんだよね。小さい中庭でサッカーして、負けると牛丼おごるとか、やってたね。僕たちがいたころ、吉野家が近くにできたの。で、4限目くらいから牛丼のにおいがしてくるんだよ。なんでもありだったね。近くのモンブランっていう喫茶店で、たばこ吸ってるのを見つかって、停学食らったヤツもいたし、僕も、おまえはアルコール部だろって言われてた（笑）。僕より悪いヤツもいて、他校とケンカとかやってたり。昔の校舎は汚くて、Tシャツを落とすと真っ黒になっちゃう。窓も割れてて、画用紙貼ってたよ。だから、最近は変わったよね。校舎もきれいだし」

50年前ともなると、社会的にも未成年の飲酒などに寛容だった時代で、世相の変化を感じるところもありますが、それでも、やっぱり変わらない校風があると、この男性は話します。

「筑波大附属との伝統のボートレースがあるんだけど、中1が高3の応援団に指導されて、応援歌を歌って、炎天下で倒れたりしてね。そういう試練を乗り越えて、一体感が出てくる。それは今も変わってないよね。

みんなで会うと、校歌を歌うんだよ。愛校心がやっぱりあってね。開物成務は社是みたいに、みんなのよりどころになってる。ペンは剣より強し、自主自律、質実剛健、そういった校風、理念が、今も自分のなかにあるよね」


30代、50代、60代の卒業生の話から、いかに、学校の文化がその後の生きる指針になっているか、わかると思います。そして、それは学校に通っている間はわかりません。卒業して、20年、30年、40年、いやもっと後になって、わかるものなのです。

私立に行くということは、そういった学校の理念や文化を、自分の血肉として取り入れるということです。そして、それはとても豊かにその人の人生を彩るものです。それこそが、私立に通うことの意味、中学受験することの意味だと、私は思っています。

だからこそ、学校選びで一番大事なのは、大学合格実績ではなく、学校の理念や校風なのです。

第9章

本当に幸せな人生を歩むための中学受験とは

ここまでさまざまな例を見てきて、中学受験の後こそ、思いもよらない、さまざまなドラマが人生には待っているとおわかりになったと思います。

では、中学受験以降も幸せな人生を歩むためには、中学受験に対してどのように臨めばよいのでしょうか。

日本における幸福学の第一人者、慶應義塾大学大学院の前野隆司教授に話を聞きました。

前野隆司（まえの・たかし）
慶應義塾大学大学院システムデザインマネジメント研究科教授。博士（工学）。1962年生まれ。東京工業大学卒、同大学修士課程修了。キヤノン株式会社、ハーバード大学客員教授などを経て、2008年より現職。2024年より武蔵野大学ウェルビーイング学部長就任予定。著書に『「幸福学」が明らかにした幸せな人生を送る子どもの育て方』（ディスカヴァー・トゥエンティワン）、『ウェルビーイングの魔法』（Z会出版）、『幸せのメカニズム――実践・幸福学入門』（講談社現代新書）など多数。

中学受験だけで幸せになるとは限らない

子どもの将来の幸せのために中学受験をする、と多くの親が言いますが、これについてどう思われますか？

中学受験に合格しただけでは幸せになれるとは限りません。むしろ、中学受験は弊害もあると私個人は思っています。それより、お母さんお父さん自身が幸せでいることが、子どもの幸せにつながります。

現代では、いい中学やいい大学に行っても、幸せになれるとは限りません。高等教育の現場にいる僕の経験に基づく考えです。昔は学歴があれば出世したかもしれないけど、今は実力がないと生きていけません。慶應に入っても就職できない人もいれば、高卒で働いて、会社を起こして１００億円企業に育て上げてから、40代で慶應の大学院に入る人もいます。どこに行っても、そこでがんばれば、全然どうにでもなるのです。

人と比べて満足を得る幸せ、つまり、お金や物、地位、学歴など「地位財」による幸せは、長続きしないことが研究でわかっています。だから、中学受験で勝っても幸せは長続きしないし、負けても悔しい。どっちにしてもよくないのです。人と比べるよりも、人は人、自分は自分と、自分らしくありのままでいることが幸せにつながります。それなのに、親は「あの子はやっているのに、あなたはなんでやらないの？」と、つい比べがちです。みんながやるからではなくて、自分がやりたいという主体性があると、幸せにつながります。

中学受験が過熱していますが、どう思われますか？

よく、勉強させるにはどうしたらいいですか、と聞かれますが、その問い自体が間違っていると思います。子どもに声をかけるとしたら、勉強って楽しいもんだね、という声かけがいいと思います。

塾の説明会に行くと、塾の先生の論理で話されるから、親は真に受けてしまいがちですが、そもそもそれが正論とは限りません。大学教育に携わっている僕からすると、塾の人も親も学校の先生も、日本中が受験偏重に陥っていると思います。文部科学省の学習指導要領では、生きる力を育むといっているのに、実際の教育現場はあまり変わっていません。いまだに偏差値の高い大学に入れることを目指している人が多いですね。

たとえば、デンマークでは、クラスに20人いたら、20人それぞれが自分の学習進度に合わせた勉強をしていて、他人と比べないというような教育も行われています。クラスで一斉授業をして、成績を比べること自体が、今の時代に合っていないのです。

受験は家族が成長する機会

それでも中学受験に挑戦するのなら、どんな心構えで臨めばよいでしょうか？

A

子どもを信じることです。信じていないから、いい中学に入れようとしているともいえます。いい学校に入れたいと思っていると、それは難しいでしょう。自分の子どもはどこの中学に行っても幸せな人生を送れると本気で信じることです。

それには親のあり方が大事です。両親が仲よく尊敬し合い、幸せでいると、子どもも幸せになります。幸せは伝播することが、研究でわかっています。親が幸せだと、子どもも幸せになる確率が高くなります。また、幸せな人は学力が高いことも、研究でわかっています。

ストレスの強い状態にあると、学力は落ちてしまいます。記憶力や集中力も低下します。第二次性徴期前の子どもは、肉体的には独立しているけど、精神的には親に依存している状態です。そこで、怒鳴られたり、怒られたり、命令されたりすると、発育に障害が出るリスクもあります。これは一種のハラスメントであるともいえます。アメリカでは子どもに手を上げたり、暴言を吐いたりすると、犯罪になるくらいです。

ですから、「受かっても落ちても、どちらでもいいんだよ。どこに行っても絶対大丈夫だから」という態度で子どもに接することが重要です。

志望校に合格することを目的にするのではなく、受験勉強という一つの大きなハードルを経験することが、家族が成長する機会になるということを、あらかじめ家族全員で合意しておくことが大事です。

ちなみに私自身は中学受験には反対でしたが、子ども2人が自分から中学受験をしたいと言ってきたので、受験をさせました。「受かっても落ちても、どちらでもいいんだよ。どこに行っても絶対大丈夫だから」と私は言い続けました。たまたま2人とも第1志望校に合格しましたが。

幸せな中学受験にするには、どうしたらいいでしょうか？

私たちの研究室では、インターネットを通じて日本人1500人を対象としたアンケート調査を実施し、因子分析を用いて分析した結果、幸せに影響する「4つの心的因子」を導き出しました。次の4因子です。

① 第1因子「やってみよう！」因子（自己実現と成長）
夢や目標を持ち、それを実現させるための学習・成長意欲が高いこと。強みがあること。

② 第2因子「ありがとう！」因子（つながりと感謝）
他者を喜ばせたり、支援したりしていること。家族や友人たちなど人とのつながりや感謝を感じること。

③ 第3因子「なんとかなる！」因子（前向きと楽観）

物事に対して、常に楽観的でいること。自己肯定感が高く、気持ちの切り替えが早いこと。

④　第4因子「ありのままに！」因子（独立と自分らしさ）

周りや他人と自分を比べず、自分らしく、あるがままでいること。

中学受験も同じで、この4因子で臨むとよいでしょう。詳細は『「幸福学」が明らかにした幸せな人生を送る子どもの育て方』などの拙著を参考にしてみてください。

この4因子を高めるワークショップを、小学校受験の親子に行ったところ、夫婦関係や家族関係がよくなり、参加していた家族全組が、難関小学校の受験に合格したという経験もしました。仲のいい家庭で育ったかどうかは、面接ですぐわかります。ちょっとキャンプにでも行って親子で触れ合っていれば、自然にそうなるものです。ただ、それができない場合は、こういった練習をすれば、親も子も幸せを感じることができます。子どももやる気になって伸びるのです。

また、この4因子を使った、ウェルビーイング（身体的・精神的・社会的によい状態にあり、生きがいや人生の意義など持続的なものも含む幸福の概念）を、小学校で導入したところ、不登校がほとんどなくなったという報告もあります。

よく企業のエグゼクティブの指導をする機会があるのですが、幸福学は、家族でもやるべきものだと思います。家族が仲よくなり、子どもが自信を持ち、意欲が高くなります。不登校がなくなった例もあります。不登校が急増している今、一刻も早く広めたいですね。

前野先生の言うように、志望校合格を目的にするのではなく、

親子で成長するために挑戦し（①やってみよう！因子）
親のサポートとお互いの感謝の気持ちを大事にし（②ありがとう！因子）
受かっても受からなくても大丈夫と信じ（③なんとかなる！因子）
進学するところが一番自分に合った学校だと思う（④ありのままに！因子）

これが幸せになる中学受験への臨み方だといえるでしょう。

中学受験をして、かえって親子関係が悪くなったり、燃え尽き症候群になって不登校になったりしては、元も子もありません。

家族関係、親子関係が一番の基本だということを忘れずに、中学受験に臨めば、きっとその後も楽しい充実した中学高校生活、さらには幸せな人生につながることでしょう。

いい中学受験の経験はその後も生きる

ここで、前野先生が提唱するような受験の臨み方をしたすばらしい実例を紹介します。渋谷教育学園渋谷中学高等学校の谷田そよさんと、多胡七香さん（いずれも高2＝取材当時）です。

谷田さんはお父さんの仕事の都合で小4からアメリカで過ごし、中1で日本に帰国して、編入試験を受けたそうです。そのとき、谷田さんはこう考えて試験に臨んだそうです。

「自分が設定した〝目標〟が達成されるかされないかだけではなく、ある道を選んだとき、〝自分は何を達成できるか〟ということを大事にしました。どの学校に進学したとしても、自分にとって充実した生活が送れると考えていたので、たとえ最初に行きたかった学校以外に進んだとしても満足できると思いました」

多胡さんもこう話します。

「小さい頃から、親に無理やり習いごとをやらされたことはなく、自分が何かやりたいと言ったらやらせてもらえる環境でした。中学受験についても同様で、やってもやらなくても、どちらでもいいんだよと言われましたが、自分からやりたいと言って受験しました」

こういった態度で試験に臨んでいるので、入学後も意欲を高く持って、学校生活が送れます。2人は、その後、模擬国連部で活躍します。

模擬国連とは、アメリカで始まり、日本では故・緒方貞子さん（第8代国連難民高等弁務官）により大学や高校に広められた競技です。2人1組でペアを組み、指定された国の大使役になって、世界が直面する課題に対し、自国の国益を考えつつ、他国と交渉やスピーチを繰り返して合意を目指し、決議案を作成します。

この模擬国連の高校生の全国大会、「全日本高校模擬国連大会」に、2人は高1のときにペアを組んで出場し、優秀賞を受賞、翌年の高2のときには、日本代表としてニューヨークの国連本部で行われる世界大会「高校生模擬国連国際大会」に出場して、最優秀賞にあたる国連事務総長賞を受賞しました。

国際大会ではメキシコ大使役として「紛争後の社会における包括的な政治プロセスの構築」という難しい議題に取り組みました。

そこでは、より高い目標を常に意識したことで、合意を達成できたといいます。そして、そう考えることができたのは、中学受験の向き合い方を経験したからだと話します。

2人は中学受験についても、こう考えているといいます。

「中学受験は『楽しい学校生活を送る』という目標を達成するための手段の一つです。しかし、本来手段であるはずの『受験に受かること』がいつの間にか絶対的な目標となってしまい、周りが見えなくなってしまっては、結果にかかわらず『楽しい学校生活を送る』ことも難しくなってしまうのではないでしょうか」

2人は常により高い目標を意識して取り組んできたからこそ、学校生活で意欲的に過ごすことができ、模擬国連ですばらしい結果を残せたのです。

おわりに

中学受験を経験したたくさんの人たち、そしてそのお母さんたちにインタビューをしてきて感じたのは、中学受験がうまくいかなかったとしても、途中で不登校になったとしても、今、うまくいっている人たちは、みな、親子関係がいい状態ということでした。

ダイキ君、マナト君、ケント君、エリカさん、ノブキ君、ユキさん、第1志望校に合格できなかった場合でも、親子関係がよかったり、親の声かけがよかったりして、その後も大きく成長しています。

不登校になったけど今立ち直っている人たちも、やはり親子関係が修復できているのです。

第1章と第3章で出てきたヨウイチロウ君（成績不振で神奈川御三家を中退、通信制高校卒業後に公務員試験に合格して、現在、公務員）はこう言います。

「中学高校のときには、勉強のことで母親といつもケンカになり、何度も殴ったりしましたが、就職して公務員になってからは、両親とすごく仲よくなりました。母親には殴ったことを謝りました。今は一人暮らしをしているんですけど、たまに実家に帰ると、すごく喜んでくれて、ご馳走を作って迎えてくれます。父親からは『ご飯行かないか』と、ときどきLINEが来たりします」

第4章と第8章で出てきたカズタカ君（中1の5月から不登校、部屋にバリケードを作って引きこもっていたが、通信制高校を卒業後、1浪してGMARCHへ進学し、現在、公務員）も、

「厳しかった父親に当時は反発していたけど、オレみたいな、あんな甘えたガキには厳しくやらないといけない。オヤジは何も間違っていなかったと思いますね。今は尊敬していますす。すごい人だと思ってますね」

と言います。今は一人暮らしをしていますが、お父さんと2人でサッカーチームのシーズンチケットを買っているので、毎週、一緒にサッカー観戦しているそうです。なんでも思ったことを言える仲のいい親子になったといいます。お母さんとも仲がよく、愛情を感じているといいます。

第4章のシュンノスケ君（高1から不登校、通信制高校を卒業後、大学合格するも1年休学、復学して、現在大学4年で春から不動産会社に入社予定）のお母さんも、

「今となっては、シュンノスケととても仲よくなりました。夕飯のときに一緒に晩酌をしながら、いろんな話をします。あるとき、シュンノスケが酔って帰ってきて、『あのときは心配をかけて本当に悪かった』と泣いて謝っていました。シュンノスケ自身もつらかったのだとしみじみ思いました。あのつらいときがあったからこそ、今の仲のいい状態は本当に幸せだと思います」

と言います。

中学受験の前に、親子関係が愛情にあふれたよい関係であることが大事なのだと、おわかりいただけたと思います。

前野先生の言うように、親子関係がうまくいっていると、人生もうまくいくのです。中学受験は人生の通過点でしかありません。中学受験で成功するかしないかは、あまり人生において関係ありません。それなのに、中学受験のために親子関係が悪くなったら、元も

子もありません。
中学受験以前に、親子関係をよくして、子どもが自信を持って、意欲を持って、受験やその後も続く人生に立ち向かっていける環境を作ることが大事なのです。それができればすべての受験は成功です。失敗なんてないのです。不合格だとしても、それを成功に変えればいいのです。

万一、親子関係がうまくいかなくて、不登校になったとしても、まったく悲観することはありません。高卒支援会（ヨウイチロウ君とカズタカ君が通って立ち直った、不登校と引きこもりを支援している認定ＮＰＯ法人）のようなサポート校もありますし、通信制高校もあります。人生はいくらでも立て直せるのです。親子関係を立て直すために、高卒支援会のように支援してくれる団体もあります。

取材した時点ではまだ不登校のままのトモヒロ君に関しても、私はそんなに心配することはないと思います。もともとの能力が高いので、親が心から信じて、子どもが力を発揮するときを待てば、いずれ立ち直っていくと思います。

マドカさんも、不登校から通信制高校を経て、現在はアルバイトをしていますが、もともとの能力が高いですから、自分なりのやり方で大きな活躍をしてくれると信じています。

中学受験に失敗しても、その後に不登校になっても、みんなが過去を含めて、人生を前向きにとらえているのが、とても印象的でした。本当にすばらしいです。

最後に、本書のために取材に応じてくれた多くの方に感謝いたします。中学受験の経験談を語ってくれたみなさん、そのお母さん方、塾の先生方、そして、三池輝久先生、前野隆司先生、渋谷教育学園渋谷中学高等学校の室﨑摂先生、一般社団法人不登校・引きこもり予防協会代表理事の杉浦孝宣さん、認定ＮＰＯ法人高卒支援会理事長の竹村聡志さんに、心から御礼申し上げます。

また、私の話をじっくりと聞いてくださり、執筆する機会をくださった実務教育出版の堀井太郎さん、美しい装丁に仕上げてくださった鳴田小夜子さん、すてきなイラストを描いてくださったかりたさん、読みやすい紙面にしてくださったIsshikiの森貝聡恵さん、出版にあたりご尽力くださったすべての方、そして家族にも、心から感謝します。

たくさんの中学受験向けの本が出ています。なかには、1歳から幼児向け学習塾に通わせて準備する、というようなものもあります。さまざまな考え方がありますから、本書の考え方が絶対というわけではありません。ただ、成功する子ばかりではなく、中学受験をしたばかりに、不登校になる可能性や、つらい思いをする可能性もあることを知ってもらい、親子が本当に幸せになる選択をしてもらいたいと思っています。

本書が少しでも、中学受験を考えている親子、中学受験の最中にいる親子に、お役に立てることを願っております。

2024年1月　小山美香

著者紹介

小山美香（こやま・みか）

大学時代よりフリーライターとして活動を始める。大学卒業後は「サンデー毎日」(毎日新聞社＝現・毎日新聞出版)の編集記者として、多岐にわたって取材・執筆。

その後フリーランスに転身。「本と出会う」(BS-i＝現・BS-TBS)のキャスター、タウン誌記者などを経て、読売新聞オンラインの「中学受験サポート」で、のべ160校以上の私立中学校高等学校を取材している。

また、中学受験だけでなく、通信制高校や子ども食堂など、子どもをめぐるさまざまな事象についても、週刊誌やニュースサイトに寄稿している。

プライベートでは3児の母として3度の中学受験を経験。

趣味はガーデニング。

中学受験をして本当によかったのか？
10年後に後悔しない親の心得

2024年3月5日　初版第1刷発行

著　者　小山美香
発行者　淺井亨
発行所　株式会社 実務教育出版
〒163-8671　東京都新宿区新宿 1-1-12
TEL　03-3355-1812（編集）　03-3355-1951（販売）
振替　00160-0-78270

制作／森貝聡恵（Isshiki）　印刷／壮光舎印刷　製本／東京美術紙工

ISBN978-4-7889-0929-8　C0037